Vorwort

Zuerst muss ich mal was auf den Punkt bringen:

Ich bin ein PFERD!
Und bleibe eins!

Sollten hin und wieder Zweifel aufkommen, liegt es einzig und allein in der Interpretation des Lesers.

Okay, ich kann nicht sprechen und nicht schreiben. Aber verdammt gut hören. Merken kann ich mir auch eine ganze Menge. Und ich weiß mich durch entsprechende Gesten auszudrücken!

Es gibt jemanden, der das genau zu deuten weiß. Diesen „Jemand" habe ich für mich schreiben lassen und ,ihm' das Versprechen abgenommen, alles genauso wiederzugeben, wie es sich zugetragen hat. Ohne etwas dazu zu erfinden und auf keinen Fall, was wegzulassen, auch wenn es ,denjenigen' nicht immer in einem positiven Licht erscheinen lässt.

Wer das ist, woher ich mein geballtes Wissen habe und was ich bisher so erlebt habe, erfahrt ihr auf den nächsten Seiten.

Liebe Grüße

Tobi

Tobi Först

Ich bin's, Tobi !

Biographische Informationen der Deutschen Nationalbibliothek:

Die Deutsche Nationalbibliothek verzeichnet diese Publikation

in der Deutschen Nationalbibliografie; detaillierte bibliografische

Daten sind im Internet über http://dnb.dnb.de abrufbar.

© 2020 Tobi Först

Herstellung und Verlag:

BoD – Books on Demand, Norderstedt

ISBN: 9783751959742

‚Flutsch' hat's gemacht und plötzlich war es hell. Nicht ganz, aber heller als da, wo ich vorher war. Richtig gucken konnte ich nicht. Da war was über meinen Augen, so was Milchiges. Wie Schleim. Über der Nase war's auch. Nee, über meinem ganzen Körper habe ich das Ding gespürt. Ich habe meinen Kopf bewegt und dann war da eine Stimme, die sagte:

„Oh Gott, ne Kuh!"

Wer jetzt?

Ich?

Nee, nee, ich bin keine Kuh, das weiß ich aber jetzt schon! Warum hat die Stimme das gesagt?

Jetzt erstmal raus aus dieser komischen Hülle, die mich fast 11 Monate geschützt hat. Ich hab heftig gestrampelt und dann gab's 'nen Knall und mein Kopf und meine Vorderbeine gelangten ins Freie.

Ich hörte ein leises Wiehern, das ich prompt erwiderte.

„Mutti!"

Und wieder diese Stimme: „Ach, sprechen kannste auch schon!"

Ja klar!

Weiter krabbeln und hin zu Mutti, die mich die ganze Zeit lockte. Gar nicht so einfach, aus diesem Sack raus zu kriechen. Hab ich halt das Ding hinter mir hergezogen. War ja auch nicht weit bis zu Mutti. Die hat sich ganz doll gefreut und mich sofort geküsst.

Hab mich auch riesig gefreut! War richtig schön!
Mittlerweile war ich auch diesen schwabbeligen Sack los
und dann kam die Stimme, in Form von etwas, dass nicht
aussah wie meine Mutti oder ich, näher an mich ran.
Hatte keine Chance wegzulaufen, konnte ja noch nicht
aufstehen.
Aber die Stimme hat mich so nett angesprochen, dass ich
keine Angst hatte. Ich wurde kurzer Hand auf die Seite gelegt und mir wurde mein Bauchnabel desinfiziert. Das
muss man so machen, habe ich hinterher erfahren, weil
doch da – wo ich nun geboren wurde – immer wieder
Keime sein können und ich davon eventuell krank werden
könnte.

„Und, was bist du überhaupt?"
Blöde Frage: Ein Pferd!!!
„Junge oder Mädchen?"
Ach, das Geschlecht!
Das heißt übrigens: ‚Hengst oder Stute', um das hier mal
klar zu stellen!
„Ein Mädchen!"
Falsch: Stute!!!!
Kapiert die Stimme nicht!

Dann stand Mutti auf. Die war ganz schön aus der Puste.
Und dann flog da 'ne Menge hinten raus, worüber sie sich
gleich fresstechnisch hermachte. Das nennt sich Nachgeburt und die ist für Mutti gesund, hat man mir erklärt. Die

musste sich doch noch öfter wieder hinlegen. War wohl anstrengend mit mir.

Plötzlich kommt jemand. Sieht auch so aus wie ‚die Stimme', also anders als ich.

„Das ist mein Enkelpferd", sagte die Stimme.
Hä, was ist denn das für ein Quatsch? Wie kann ich ein Enkelpferd von jemanden sein, der nicht so aussieht wie ich? Vielleicht werde ich das noch gewahr.

Erstmal bin ich damit beschäftigt, meine langen Stelzen zu sortieren. Die wollten mir partout nicht gehorchen. Erst hatte ich die Dinger überkreuz und dann bin ich nach vorne gefallen. Unter dem Gelächter der beiden Stimmen, die sich an 'ner Tasse Kaffee festhielten.
Klugscheißer! Erstmal besser machen.
Bin sicher: Das konnten die nach 30 Minuten auf dieser Welt bestimmt noch nicht!
Wartet, wenn ich mal groß bin….

Und dann hat die Stimme, die ich schon kannte, von meiner Geburt erzählt. Hab ich alles mitgekriegt, obwohl ich immer noch meine relativ erfolglosen Aufstehversuche trainierte.

Also, das war so:
Die Stimme hat zwei Wochen vor meiner errechneten Geburt ihre Nachbarin getroffen und gemeint, sie hätte so ein Bauchgefühl und würde die Box, also meinen Kreißsaal, schon mal einstreuen. Die Nachbarin hat ihr zugestimmt, weil sie wusste, dass sich die Stimme immer auf ihr Bauchgefühl verlassen kann. Gesagt, getan.

Noch am selben Abend hatte Mutti erste Harztropfen am Euter, also getrocknete Milch. Das hat die Stimme immer kontrolliert und Mutti schon mal den ersten Eindruck verschafft, wie das ist, wenn man an die Zitzen ran will. Gute Entscheidung. Hatte ich es leichter!
Dann hat sie Mutti noch 'nen Gurt angelegt. Einen Geburtsalarm! Den muss man nur richtig einstellen.
Hat sie aber nicht! Hi, hi.
Erst war er zu locker und verrutschte. Die Sirene ging um 3:00 Uhr nachts los. Aber die Stimme ist auch noch „Big Brother". Hat 'ne Überwachungskamera! Weiß jetzt nicht, ob die Stallgemeinschaft eine Einwilligungserklärung unterschrieben hat!
Na ja, jedenfalls ist die ziemlich entspannt in den Stall gegangen und hat später in den Gurt noch ein paar Löcher 'reingebissen'? und das Problem behoben.
In der nächsten Nacht war dann um 4:30 Uhr Alarm. Obwohl die Stimme genau wusste, dass Mutti immer auf der Seite pennt, hat sie den Empfänger auf ‚normal ruhende Stuten' (also Bauchlage) gestellt. Selbst schuld! War sie

eben wieder wach. Aber weil sie den Monitor am Bett hatte, war das nicht so schlimm.

Nach ein paar schlafgestörten Nächten hat sie sich genau an dem Abend, als es ernst wurde mit mir, einen ‚gepichelt‘, also Alk! Wollte mal durchschlafen. Denkste! Hatte sie doch gemerkt, dass bei Mutti den ganzen Tag die Milch lief!

Ignoranz wird bestraft!

Der alles entscheidende Alarm kam dann nachts um 0:30 Uhr. Da hat sie, halbwegs benebelt, nach Schlafausbeute von zwei Stunden, zunächst mal wieder ihren Beobachtungposten im Bett bezogen und gesehen, wie Mutti sich hingelegt hat. Da die aber wieder aufstand, wurde erstmal abgewartet. Das wollte sie so cool machen, wie ihr Zahnarzt. Der züchtet schon seit vielen Jahren und hat erzählt, dass er beim Alarm erstmal den Fernseher, der mit der Stallkamera verbunden ist, einschaltet und wenn die Vorderbeine zu sehen sind, in den Stall geht.

Von wegen: Den Gefallen hat Mutti ihr nicht getan! Die hat sich nämlich so hingelegt, dass der Guckapparat das Hinterteil nicht mehr erwischen konnte. Doof, ne? Musste sie raus aus ’m Bett.

Die konnte sich beeilen wie sie wollte, ich war längst draußen!

Wahrscheinlich ging alles so schnell, weil sie Mutti bis zur Geburt täglich bewegt hat. Bis zum zehnten Monat ausgeritten und danach longiert. Mutti war auch gar nicht geschwitzt und hat sich nur zweimal hingelegt.

Zurück zu meinen Stand up's: Mittlerweile waren diese erfolgreich. Kleine Schritte gehen auch schon. Mutti futtert noch an der Nachgeburt rum und interessiert sich nicht dafür, dass ich ein ums andere Mal auf die Fresse falle. Aber ich habe Ehrgeiz!
Die beiden Stimmen quasseln derweil munter weiter und gehen mir mit ihrem Gelaber, auf das ich mich nicht konzentrieren kann – bin schließlich anderweitig beschäftigt – tierisch auf den Geist.

Die Tür vom ‚Kreißsaal' geht auf und die Stimme kommt mit so 'nem Gerät. Das hat Zinken vorne dran und 'nen Stiel: Mistgabel, stellt sich später heraus, und klaut meiner Mutter das Essen! Aber sie meinte, das sei jetzt schon so vermatscht, dass sie das besser entferne.

Bin durstig. Begebe mich auf die Suche. Irgendwo gibt's hier was zu trinken. Aber wo?
Mutti schiebt mich vorsichtig in Richtung ihrer Hinterbeine. Ich suche überall. Ey, das ist total anstrengend. Muss mich immer wieder ausruhen. Lässt Mutti aber nicht zu. Die weiß sehr wohl, dass es hier um mein Überleben geht.

Dann tritt die mich auch noch, auf gut Deutsch gesagt, in den Arsch, damit ich wieder aufstehe.
Mann, ich habe schon die ganze Mutti abgesucht, ich finde nix!

Und die unqualifizierten Randbemerkungen von der Stimme vor der Tür: „Jetzt sind schon vier Stunden rum. Wie kann man nur so doof sein. Der absolute Hilfsschüler!"

Das ist ja wohl die Unverschämtheit in allerhöchster Potenz! Ich gebe mir doch alle erdenkliche Mühe.
Ich muss mal!
Begleitet von der überflüssigen Anmerkung: „Wenigstens DAS klappt!"
Bin total verzweifelt.

Die Stimme auch. Ruft den Tierarzt an und fragt, wie lange es dauert, bis ich vertrocknet bin.
So 'n Blödsinn!
Sagt der Doc auch! Sie soll ins Bett gehen. Bis morgens hätte ich das geschafft. Glaubt die aber nicht! Belabert mich die ganze Zeit. Irgendwann wird es ihr doch zu blöd und sie verschwindet. Endlich Ruhe!
Wetten, die sitzt wieder vorm Bildschirm und beobachtet mich?
Mir egal!

Gerade mal drei Stunden sind rum (laut „stimmlicher"
Auskunft), da steht die schon wieder da.
Ich suche immer noch. Denke schon selbst, dass ich ein
bisschen dämlich bin. Und Mutti ist auch schon sauer. Le-
gen darf ich mich gar nicht mehr. Kriege sofort 'nen Tritt
und werde etwas unsanfter in Richtung Heck geschoben.
Die Stimme quatscht schon wieder mit dem Tierarzt. Der
hat keine Zeit und rät ihr, abzuwarten. Ich müsse das alleine schaffen, zwingen kann man mich nicht.
Recht hat er!

Ich nutze meine Chance, zu zeigen, dass ich's drauf habe.
Habe angedockt.
Und trinke!
Aus der Stimme bricht die Erleichterung hervor: „Na end-
lich!"
Hätte sie sich auch sparen können. Hab ich schließlich
nicht extra gemacht. Jetzt darf ich schlafen.
Und Mutti auch!

Alle naselang kommt die Stimme und glotzt. Meistens
ratze ich. Wenn ich betankt bin, sowieso.
Da ich immer nur dieselbe Zitze von meiner Mama benutzt habe, ist die andere ganz dick und läuft. Da das
Mutti mittlerweile weh tut, hat sie sich einfach auf die
Seite gelegt, mich hinten rangeschoben und das Bein
hochgehoben.

Ach, es gibt noch ein zweites Ding, wo was rauskommt.
Hätte ich das wissen müssen?

Na, da haben wir sie wieder: Die Stimme.
Sie kommt rein und setzt sich zu mir. Mutti ist tiefenent-
spannt. Dann droht kein Unheil.
Und nun kaut mir die Stimme fast ein Ohr ab. Aber ich
höre genau zu.
Sie sagt nämlich, sie sei meine Omi und ich ihr Enkelpferd.
Hab ich doch schon mal gehört. Das will ich jetzt wissen!
Sie erklärt: Meine richtige Omi ist sie nicht.
Ja, wie jetzt?
Also: Meine richtige Omi, meine Pferde-Omi, ist seit ein
paar Jahren im Pferdehimmel. Sie ist nur 16 Jahre alt ge-
worden und starb an Darmverschluss. Sie hat meine Mutti
und meinen Onkel, der wohnt übrigens im Nachbarzim-
mer, auf die Welt gebracht.
Und deshalb ist SIE meine Zieh-Omi!
Verstehe!
Dann ist sie doch die Zieh-Mama von Mutti und Onkel,
ne? Oder?
Lassen wir es mal dabei. Sonst wird mir schwindelig.
Ab jetzt ist sie meine Omi. Wieso auch immer.

Ich befinde mich noch im Tiefschlaf, da wird es richtig laut.
Die Stimme kenne ich: Omi!
„Lisbeth, Becker, Tobi", dröhnt es durch den Stall.
Wer, wie, was? Appell? Ist ja wie beim Kommiss!

Ich nehme erstmal 'nen Schluck aus Muttis Milchtanke.

Verstecke mich hinter Mutti. So ganz koscher ist mir das alles noch nicht.

Omi kommt. Hat wieder so 'n Ding mit Zinken in der Hand. Diesmal macht sie damit unsere Hinterlassenschaften weg.

Siehste, die ist hier das Personal, nicht der Chef! Anschließend serviert sie nämlich das Frühstück.

Ich krieg nix. Hab ja noch keine Zähne.

Bin immer wieder müde. Das Aufstehen ist noch ziemlich anstrengend. Irgendwas ist immer im Weg. Meistens eins meiner Beine.

Aber es wird. Omi sagt, ich würde schwanken als hätte ich drei Atü aufm Kessel. Was meint sie damit?

Zwei Tage verbringe ich mit Mutti im Knast. Hier sind Gitter, damit uns nichts passiert.

Dann kommt Omi und meint, jetzt würde es mal Zeit für einen kleinen Ausflug. Da bin ich aber gespannt.

Sie geht zu Mutti und sagt: „Na Lisbeth, dann ziehen wir mal das Halfter an und laufen 'ne Runde."

Aha, Mutti heißt also Lisbeth.

„Tobi, kommst Du auch mit?"

Wer ist Tobi?

Ich?

Woher weiß ich, dass ich Tobi bin?

Omi guckt in meine Richtung. Da außer mir kein anderer da ist, bin ich wohl gemeint.

Okay. Ich bin Tobi!

Mutti Lisbeth geht mit Omi raus. Ich nicht! Mir ist das nicht geheuer. Der Boden sieht ganz anders aus als der in meinem Zimmer. Kann ich da laufen? Nachher falle ich hin. Kriege ich wieder 'nen dummen Spruch gedrückt.

Nee, ich geh nicht mit!

Das sieht Mutti aber anders und fordert mich mit permanentem Gebrabbel auf, endlich rauszukommen.

Na gut, aber ganz langsam und vorsichtig.

Die anderen warten auf mich. Gebe mir einen Ruck. Läuft!

Ich folge Mutti durch einen Gang in eine Halle. Wieder anderer Boden. Bin skeptisch. Aber der ist weich wie Watte. Wenn ich hier hinfalle, tut's bestimmt nicht weh. Mutti schmeißt sich direkt aufn Boden, um sich zu wälzen. Schön paniert, kann man nur sagen. So will ich nicht aussehen. Im Übrigen weiß ich nicht, ob ich wieder hoch komme.

Nachdem wir uns ein bisschen die Beine vertreten haben meint Omi, die natürlich die ganze Zeit akribisch beobachtet, dass ich nicht irgendwo vordonnere, dass es reicht und wir zurückgehen.

Oh Gott! Da war ich wohl ein wenig desorientiert. Die beiden waren weg und ich traute mich nicht so schnell hinterher. Musste mir doch alles angucken. War neu und interessant. Habe den Anschluss verpasst.

Omi hatte alles abgesperrt. Aber irgendwie bin ich vor ein Holzgatter gelaufen, und das ist mit einem lauten Knall umgekippt. Da saß ich dann drauf und konnte mich nicht mehr bewegen, weil mein Fuß in einem Klapptritt eingeklemmt war, den man durchaus vorher hätte wegstellen können.

Da hättet ihr Omi mal sehen sollen. So schnell ist die sonst nicht. Zack, war sie da. Hat mich erstmal beruhigt und meinen Fuß befreit. Hat mir sogar aufgeholfen.

Jaaa! Ich glaub, die hat mich ganz doll lieb!

Aber das „Dummerle" konnte sie sich doch nicht verkneifen, während ich meiner laut rufenden Mutti entgegengerannt bin.

Bin erledigt! Trinken und schlafen.

Der Feldwebel ruft wieder. Ach nee, ist ja der Service! Zimmer säubern, Essen auftischen. Jetzt weiß ich auch, wer Becker ist. Mein Onkel. Manchmal wird er auch ‚Becki' genannt und Mutti ‚Lisi'.

Warum weiß ich noch nicht.

Es ist tolles Wetter und heute gehen wir auf einen großen Sandplatz. Onkel Becker nicht. Der ist sauer und meckert in einer Tour. Ich soll erstmal mit Mutti zusammen alles erkunden.

Ist komplett eingezäunt. Kann mich nicht verlaufen.

Herrlich, die frische Luft! Und die Sonne scheint auf meinen Fohlenpelz.

Später holt Omi Onkel Becker aus dem Zimmer. Das heißt Box. Muss ich mir mal merken.

Der kriegt so einen Apparat auf den Rücken gelegt und Lederstreifen um den Kopf. Im Mund hat er auch was. Sieht echt abenteuerlich aus. Scheint ihm aber nix auszumachen.

Jetzt kommt's! Die Omi setzt sich auf ihn drauf. Dafür hat die also diesen Sessel. Damit sie weich sitzt. Kann ich alles sehen, wenn ich mich nah ans Boxengitter stelle.

Habe mir einen geleistet. Muss ich erzählen. War zu lustig.

Wie jeden Morgen kam das Personal zur Reinigung. Und ich musste so nötig. Äppel sind das bei mir ja noch nicht. Eher eine Hundewurst. Da ich mich ausschließlich von Muttis Milch ernähre, hat das jetzt vielleicht nicht den angenehmsten Duft.

Hat es nicht! Da hat Omi kein Hehl draus gemacht. Was hat sie noch gesagt:

„Bah, du Stinker. Ist das widerlich! Auch ein Grund, warum ich keine Kinder habe. Hatte keinen Bock auf die drei K's. Kreischen – Kotzen – Kacken. Gut, dass ich den Gestank nicht im Haus habe."

Hab ich ihr doch nicht absichtlich unter die Nase gesetzt.
Man kann sich auch was anstellen.
Fand ich trotzdem witzig!

Sind heute wieder auf dem Sandplatz, Mutti und ich.
Plötzlich kommt Omi mit Onkel Becker am Strick, und der macht tüchtig Alarm. Hatte wahrscheinlich die Schnauze voll vom Alleinsein. Omi hatte ordentlich mit ihm zu kämpfen. Mutti meint, ihr Bruder neige hin und wieder zu Ausrastern, wenn ihm was nicht passt.
Omi sagt knallhart: „Der mutiert gerne mal zum Arsch-loch".
Und nach einer Ansage, die sich gewaschen hat, lässt sie ihn zu uns. Er wirkt verschüchtert und geht in die andere Richtung. Guckt sich verstohlen um.
Ich beobachte nur. Kann sowieso nichts machen. Sind mir doch alle überlegen.
Er schleicht sich ran. Ist neugierig. Ich auch. Aber da hat er die Rechnung ohne Mutti gemacht.
Die geht wie eine Furie auf ihn los und macht erstmal klar: Nur gucken – nicht anfassen!
Nach ein paar weiteren Fehlversuchen ist Ruhe und etwas später sollen wir wieder in unsere Zimmer. Äh – Boxen. Ir-gendwann hab ich's.
Omi holt Onkel Becker rein. Der macht 'ne riesige Welle und will nicht weg von uns. Omi weiß ihn zu nehmen. Was sie leider nicht geschafft hat, war, das Tor zum Platz zu schließen.

Tja, Mutti ist auch nicht doof. Die nimmt mich einfach an die Hand und wandert mit mir auf was Grünes, was man essen kann.

Ich bleibe auch ganz nah bei ihr. Ist das schön hier!

Bis das hysterische Gebrülle ertönt: „Lisbeth, Tobi, seid ihr bekloppt? Ihr könnt doch nicht einfach auf die Weide laufen. Hätte wer weiß was passieren können."

Hey Omi, fahr mal wieder runter. Ist doch alles gut. Mutti wollte doch nur zeigen, wo wir gerne sein wollen.

Waren erfolgreich! Seitdem dürfen wir jeden Tag raus.

Die ersten Tage hat Omi, von der Terrasse aus, Aufsicht gemacht. Die schnellen Schuhe neben der Liege, damit sie ratz-fatz loslaufen kann, falls Onkel Becker mal ausflippt. Ist er aber nicht. Dafür hat Mutti schon gesorgt.

Habe ohnehin das Gefühl, dass sie längst den richtigen Pantoffel für ihn gefunden hat.

Und ein Geheimnis hat sie mir auch verraten. Onkel Becker ist nur ihr Stiefbruder. Ihre Mutter, also meine richtige Oma, hatte was mit 'nem anderen. Deshalb sind sie nur Halbgeschwister.

Heute sind wir früh in den Boxen. Ey gut, ne? Hab ich mir gemerkt.

Es kommen viele Menschen. Das weiß ich jetzt auch, dass die mit den Stimmen Menschen sind.

Die begucken mich alle von oben bis unten. Verstecke mich lieber hinter Mutti. Kenne die alle nicht. Sind die nett?

Auf jeden Fall haben sie Geschenke dabei.

Für mich nicht!

Für Mutti. Möhren, Äpfel usw.

Das sind Omi's Nachbarn. Kommen zur Fohlenparty. Zur MEINER Party also! Wie schön, dass ich auf meiner eigenen Party nicht dabei sein darf und in der Box stehen muss.

Ist bestimmt besser so. Gibt eh' nur Alkohol.

Natürlich fragen alle, warum ich Tobi heiße, obwohl ich eine Stute!!! bin. Und Omi kann es das elfundneunzigste Mal erklären. Erzählt sie jedem, ob er es hören will oder nicht. Letztens erst ihrem Heizöllieferanten. Der ist bekennender Metaller (das ist Hardrock im Endstadium). Der fand die Geschichte gut. Ich kann sie mittlerweile schon rückwärts pfeifen.

Das ist nämlich so. Jetzt muss ich mal weiter ausholen: Omi ist ein absoluter Fan der Rockmusik. Wenn Gitarren losschmettern, geht die ab. Die singt auch in 'ner Band, die, laut ihrer Aussage, niemals auftreten wird, weil die es mit dem Üben nicht so genau nehmen. Habe sie mal singen hören. Weiß die aber nicht. Da war ich noch in Muttis Bauch. Hat sie in der Reithalle losgeträllert. Naja, ich weiß nicht – sage jetzt lieber nix dazu. Wird mir eventuell negativ ausgelegt. Vielleicht hat sie sich ja zwischenzeitlich verbessert?

'Ne Rock-Omi ist sie, sieht man ihr aber nicht an. Am zweiten Tag meines Lebens wurde mir gleich ‚Radio Bob' auf die Löffel geballert. Da hat sie sogar schon zweimal Konzertkarten gewonnen. Einmal konnte sie da gar nicht hin, weil sie Magen-Darm hatte. Die war vielleicht sauer.
Weiter: Als sie mit meiner Mutter, nach deren Besamung mit MIR – hat der Tierarzt draußen im Anhänger gemacht – wieder in den Stall kam, spielte Radio Bob (wer auch sonst) einen Song der Band Edguy. Omi hat in dem Moment vor sich hingemurmelt: „Ach, Edguy singt" und zog direkt die Parallele zu meinem Vater, der „Edward" heißt. Der hat aber keine Scherenhände, so wie der in dem gleichnamigen Film.
Sofort wurde das Edguy-Album ‚Monuments' runtergeladen und fortan bei jedem Ausritt, mit Mutti und mir, rauf und runter gedudelt.
Glaubt mir: Ich kann jeden Song in- und auswendig mitwiehern!
An einem Mittwochabend nahte meine Geburt. Mittwochs hat der Frontmann von Edguy bei Radio Bob! eine Sendung von 21.00 Uhr bis 0.00 Uhr. Nämlich - jetzt kommt die Auflösung - die ‚Tobias Sammet Rockshow'!
Eine halbe Stunde nach dessen Moderationsende habe ich das Licht der Welt erblickt. Um 22.00 war Omi noch im

Stall meinte: „Tobi moderiert". Sie hat es quasi ausgesprochen!

Dachte sie wohl, ich würde ein Hengst werden! Da hab ich sie aber voll gefilmt! War sie ordentlich in der Zwickmühle. Sich auf 'nen Männernamen einzuschießen. Was jetzt?

Bei „Tobi" ist sie geblieben. Hat argumentiert, dass meine richtige Oma schließlich „Atze" gerufen wurde und auch eine Stute war. Von Mutti weiß ich, dass das alles Spitznamen sind. Die echten Namen stehen auf dem Schild, draußen an der Box.

Super! Erst mal lesen können!

Ich weiß sogar schon meinen richtigen Namen. Vom Gespräch mit dem Heizöl-Mann. Der fand das cool, als Omi raushaute: „Dann heißt die eben ‚Edguy's groupie'".

So war's!

Mittlerweile mache ich alles nach, was Mutti macht. Kann doch nicht falsch sein, oder?

Das sieht Omi aber nicht so. „Na Tobi, haste Dir den Scheiß von deiner Alten abgeguckt?"

Wie jetzt? Hab nur 'n bisschen mit dem Vorderhuf gekratzt. Macht Mutti immer, wenn es was zu futtern gibt. Hat sie von ihrer Mutter, und die hat's von ihrem früheren Boxennachbarn übernommen.

Wenn wir gerufen werden, wiehern wir immer. Mutti hat gesagt, es ist ganz wichtig, freundlich zu sein. Kommt man besser durchs Leben.
Kann sie das vielleicht mal Omi eintrichtern?

Die hat immer viel zu tun. Und ist präzise wie ein Uhrwerk. Verpennt die eigentlich nie?
Deren Aktivitäten sind minutiös eingetaktet. Tag für Tag. Jeder Handgriff scheint zu sitzen.
Trotzdem findet sie Zeit, sich mehrfach am Tag mit mir zu beschäftigen. Ich bin immer noch ein wenig ängstlich. Die Omi ist ziemlich groß. Und wenn die dann noch dunkle Klamotten an hat…..
Aber wenn sie sich klein macht, so ungefähr auf meine Größe, dann gehe ich hin. Mutti schiebt mich ein bisschen und macht mir Mut.
Darf Omi beschnuppern. Die hat was auf dem Kopf, das sieht so aus wie das, worauf ich stehe und liege. Was Gelbes! Nehme ich mal zwischen die Lippen. Ist ganz weich. Ziehe dran.
War wohl verkehrt: „Tobi, nicht an Omis Haaren ziehen. Ist kein Stroh, sieht nur so aus!"
Werde gestreichelt. Finde ich schön! Überhaupt hat Omi bei mir die richtigen Stellen gefunden, an denen ich es besonders gerne habe. Oben am Hals. Da massiert sie immer.
Werde dabei gefragt, ob ich wohl ein Gewinde im Hals hätte, weil ich mich so verbiege.

Oh, hat Omi schlecht geschlafen? Ist eine halbe Stunde zu früh mit ihrem Roomservice.

Ein großes Auto fährt vor den Stall. Die Fußpflege kommt, klärt Mutti auf.

Den Fußpfleger nennt man Schmied. Der schaut in unsere Box und meint: „Schönes Fohlen."

Werde gleich einen halben Meter größer.

„Mit langen Ohren. Das zeigt Leistungsbereitschaft."

Werde noch größer.

„Erst dachte ich, es ist 'ne Kuh. Wegen der riesigen Blesse. Und Ohren wie ein Esel", macht Omi alles zunichte.

Werde wieder klein. Ganz klein.

Zuerst kommt Onkel Becker dran. Omi sagt, der hat japanische Teefüße. Die sind so empfindlich, dass er, sobald er auf einen Stein tritt, ein Hufgeschwür bekommt und tagelang einen gelben Zettel (also einen Krankenschein) an die Box heftet. Deshalb bekommt er eine Sonderbereifung. Hufeisen mit Platte drunter. Für vorne.

Es stinkt. Das ist verbranntes Horn, kriege ich zu wissen. Ihm scheint das nichts auszumachen.

Dann ist Mutti dran. Ich muss alleine bleiben. Aber sie steht ja nur vor meiner Tür. Ihre Hufe werden nur gekürzt und gefeilt. Sie kann sehr gut barfuß laufen. Ist nicht so empfindlich wie ihr Bruder, das Weichei!

Der Schmied meint, Mutti sei aber ordentlich dick.

Protest!!! Meine Mutti ist schön! Und schließlich bin ich ja auch noch nicht so lange aus dem Bauch raus.

Omi soll ihr kein zusätzliches Futter mehr geben, empfiehlt der Schmied.

Da hat Muttis Gesicht aber Bände gesprochen!

Omi hatte die Lösung: „Lieber bewege ich die wieder, als dass ich ihr nix zu fressen gebe."

Muttis Gesicht entspannt sich.

Ich werde heute verschont. An meinen Füßen ist ja noch nicht viel dran.

Dann dürfen wir wieder raus.

Yeah! Habe Omi erschreckt! Und wie!

Wie jeden Morgen hat Omi die Futtereimer in die Boxen gehängt. Hier sind keine fest installierten Tröge, weil man sich eventuell mal die Rübe anschlagen könnte, wenn man nicht dran denkt und darunter einschläft.

Als sie wiederkommt, um die Dinger einzusammeln, trifft sie der Schlag.

Ich hatte es mir gerade so gemütlich gemacht und bin eingeschlafen. Dabei muss wohl mein Kopf irgendwie in dem Eimer gelandet sein, den Mutti vorher aus der Verankerung geholt und auf den Boden geschmissen hat.

„Oh Gott, Tobi!" hörte ich Omi rufen.

Ganz verschlafen habe ich meinen Kopf aus dem Eimer genommen. War so schön dunkel da drinnen.

„Lisi! Ich hab schon gedacht, du hättest dein Kind erschlagen!"

Hat sie nicht!!!

Die mümmelt komplett entspannt ihr Heu.

Wir stehen bei strahlendem Sonnschein auf der Weide, da kommt Omi wieder mit einem, der mich besichtigen will. Vielleicht sollte ich mal Eintritt verlangen. Ein Zoo ist schließlich auch nicht umsonst!

„Das ist aber ein ausdrucksvolles Fohlen", sagt der Mann.
Ich werde vor Stolz ganz groß.
„Brauchste im Stall gar kein Licht mehr. Bei der Laterne!"
Schon bin ich wieder klein.
Also, langsam reicht's mir! Kann doch nix für meine Zeichnung!
Und so schön ist der Typ jetzt auch nicht!

Die ist gemein! Die Omi!
Jeden Abend kommt sie nochmal zu mir. Meistens schlafe ich dann oder zumindest döse ich. Dann fummelt sie mir am Kopf rum. Einmal bin ich dabei sogar umgekippt. Also auf die Seite gefallen. So erschöpft war ich.
Und irgendwann hat sie es ausgenutzt!
Wusste wohl keinen anderen Rat. Freiwillig habe ich mir das Ding jedenfalls nicht anziehen lassen.
Seitdem trage ich ein Halfter!
Ist gewöhnungsbedürftig. Meine Verwandtschaft trägt das auch. Kann also nicht schlimm sein.

Es ist ganz warm draußen und Omi hat beschlossen, dass wir ab jetzt draußen übernachten dürfen.

Mutti braucht ab und zu mal 'ne Pause und übergibt die Aufsicht an ihren Bruder.

Onkel Becker und ich sind mittlerweile „best buddies". Ich hab mich mal langsam rangepirscht und geguckt, ob da auch was zu trinken zu holen ist. Hat er mir aber unverständlich klargemacht, dass er das nicht besonders lustig findet und anders ausgestattet ist als Mutti.

Da wusste ich aber Bescheid!

Oh, wieder Besuch? Omis Heilpraktikern, aus dem Rheinland, ist angekommen. Mit Mann und Enkel Jonas. Den Jonas finde ich klasse. Der ist nämlich so groß wie ich. Nur eben auf zwei Beinen.

Der streichelt mich immer und hilft Omi beim Füttern.

Und plötzlich sind alle ganz aufgeregt. Der Jonas hat nämlich gesehen, dass ich mit einem Hinterbein auf der anderen Seite des Zaunes stehe. Wenn ich nur wüsste, wie ich das hingekriegt habe?

Bin ja nicht doof! Auch wenn Omi immer über mich herzieht. Hab mich sogar selbst befreit!

Wurde aber erstmal untersucht, ob ich mir keine Verletzung zugezogen habe.

Die ganze Bagage sitzt auf der Terrasse, bei Kaffee und Kuchen. Sehe alles!

Kommen schon wieder welche! Omis Hausarzt mit seiner Frau. Werde wieder besichtigt und bestaunt. Nur nette Worte!
Schauen wir mal, ob Omi es irgendwann mal rafft, dass ich ganz gut gelungen bin!
War das jetzt überheblich???

Ich habe auch schon Zähne! Aber nur kleine Stumpen. Fürs Kraftfutter reichen die noch nicht. Aber für Mutti!
Gerade, als wieder!! eine Besichtigung meiner Kreatur stattfindet, habe ich meine Beißerchen wohl etwas grob eingesetzt und Mutti ins Euter gebissen.
Boah, hat die mir eine geschossen. Ich bin bestimmt 'nen halben Meter nach vorne geflogen und wäre fast über Kopf gegangen.
Man, war mir das peinlich. Vor Omis Arbeitskollegin.
Aber die hat anschließend noch schöne Fotos von mir und meiner buckeligen Verwandtschaft gemacht.

Einmal am Tag müssen wir in die Boxen. Alle kriegen was zu essen. Ich gucke selbstverständlich wieder in die Röhre. Und dann wird Mutti entführt! Von Omi. Ich bleibe alleine in der Box. Solange Mutti nur davorsteht, ist alles in Ordnung.
Die kriegt so Lederzeug an und 'nen Gurt um den Bauch. Und Lederstulpen um die Beine. Wie 'ne Domina. Omi hat lange Leinen in der Hand.
Und dann verschwinden die!!!

Ich drücke meine Nase ganz nah ans Gitter, damit ich wenigsten noch ein bisschen sehen kann. Dann sind sie weg!
„Mutti, Mutti", rufe ich.
Mutti ruft zurück.
Ab und zu sehe ich sie auch. Sie ist mit Omi auf dem großen Sandplatz und Mutti muss auf Anweisung von Omi ordentlich laufen.
Das wüsste ich aber! Werde ich bestimmt nicht machen. Warum läuft Omi denn nicht selber?

Ab und zu rufe ich, Mutti antwortet. Nach einer gefühlten Ewigkeit kommt sie wieder. Mit Omi im Schlepp. Muss mich aber noch gedulden. Erstmal des Lederzeugs entledigen, dann geht die Tür auf und meine Mutti ist wieder bei mir. Sofort docke ich an. Das Warten hat durstig gemacht. Wir dürfen wieder raus.

So geht das jetzt jeden Tag. Und allmählich gewöhne ich mich daran, das Mutti mal für 'ne Weile verschwindet. Genauso, wie an die tägliche Ermahnung: „Tobi, nicht an Omis Haaren ziehen."
Aber das macht doch so 'n Spaß! Vor allem, wenn sie sich darüber ärgert.

Es ist warm. Jeden Tag, seit ich auf der Welt bin, scheint die Sonne. Da wir nun rund um die Uhr auf der Wiese sind, wird das essenstechnisch allmählich finster. Alles ist schon gelb, statt grün. Auf der Nachbarwiese ist viel mehr.

Aber Mutti meint, da dürfen wir nicht hin. Das ist unser Winterfutter.

Omi weiß wieder Rat. Kommt mit der Schubkarre voll Heu und kippt einen großen Berg ab.

Mutti ist der Meinung, dass das ausschließlich für sie bestimmt ist. Onkel Becker parkt beleidigt und eingeschüchtert in der Ecke.

Aber ich darf mitessen!

Omi kommt. Im Unterbewusstsein höre ich meinen Namen. Mehrfach!!

„Wo bist Du denn?"

Am liebsten hätte ich gerufen: „Hab mich versteckt. Such mich!"

Dann findet sie mich. „Ach nee, Madam hat es sich bequem gemacht! Nur zur Info, Tobi: Das Heu ist zum fressen und nicht, um darin zu pennen! Du Hippe!"

Danke, sehr freundlich!

Jetzt weiß ich auch, was Omi meinte, dass Onkel Becker schon mal ein Arschloch ist.

Die Wiesen, wo wir nicht drauf dürfen, sind durch ein Seil abgetrennt. Als wir, wie jeden Tag, rein sollten, kriegt Onkel es irgendwie im Kopf. Er dreht auf halber Strecke um und rennt auf mich zu. Hab mich total erschrocken und kehrt gemacht. Dabei habe ich das Seil übersehen und bin mit dem Hals (weil ich ja noch so klein bin) davor gerannt.

Bin ordentlich auf die Fresse geflogen. Ist aber nochmal gutgegangen.

Was kommt jetzt? Es wird laut. Ein großes Ungetüm kommt auf die Nachbarwiese. Überall, wo das herfährt, fällt unser Gras um und bleibt liegen. Warum?

Am nächsten Tag kommt wieder so 'n Ding. Nur viel kleiner.
Ich werd' verrückt. Da sitzt ja Omi drauf!
Und dahinter hat sie ein Gerät, das finde ich echt super. Das schmeißt mir das abgeschnittene Gras direkt vor die Füße, weil ich aus Neugier vorm Zaun stehe.
Aber ich komme gar nicht richtig zum Essen. Zu spannend ist die Fahrerei von Omi.
Ey, das musste gesehen haben! Könnte mich wegschießen!
So was von schief. Die kommt immer am selben Punkt wieder an, egal, wo sie die nächste Gerade beginnt. Na, das mag was geben.

Das macht sie mehrere Tage gleichermaßen beschissen.
Immer wieder lustig anzuschauen.
Hinterher kehrt sie das Gras von den Seiten weg und ich komme nicht mehr dran, auch wenn ich meinen Hals noch so lang mache.

Irgendwann wird's richtig laut. Ein Mordsgerät kommt und sammelt das Gras ein. Und raus kommt was großes Rundes. Wo ist denn das Gras hin?

Onkel Becker klärt auf, dass das Gras jetzt in dem Ballen ist und trocknen muss, damit wir das im Winter essen können.

Habe verstanden!

Donnerwetter Mutti, siehst Du schick aus!!! Omi hat sie total aufgebrezelt. Mit dicken Zöpfen in der Mähe, poliertem Fell und gebürstetem Schweif!

Meine Herren!

Ich fand Mutti ja schon immer toll. Aber so wie sie heute aussieht..... Wahnsinn!

Gehen wir aus?

Da wusste ich noch nicht, was auf mich zukommt.

Nee Leute, nicht mit mir! Auf gar keinen Fall gehe ich da rein! Niemals!

Omi ist mit einer Freundin, mir und Mutti in die Halle gegangen. Die kenne ich ja schon. Aber nicht dieses furchteinflößende Ding, was da steht.

Mutti steigt locker ein, ich nicht! Als sie merkt, dass ich nicht mitkomme, steigt sie wieder aus.

Das Ganze wiederholen wir unzählige Male, bis alle sauer sind.

Und ich erst!

Warum soll ich da rein?
Verstehe ich nicht!

Omi telefoniert. Ein Mann kommt. Hab ich schon mal gesehen. Ist ein Nachbar.
„Die Kröte steigt nicht ein", höre ich Omi motzen.
Das ist doch wohl die Höhe. Bin keine Kröte!
Werde umzingelt! Ehe ich mich versehe, bin ich in diesem Ungeheuer.
Aber Mutti ist ja bei mir.

Das Ding, in dem ich stehe, setzt sich in Bewegung. Das schaukelt ganz schön. Stelle mich dicht an Mutti, damit ich nicht umfalle.

Es dauert eine ganze Weile, dann hält das Ding an und wir dürfen aussteigen.
Was ist denn hier los?
Hier laufen viele rum, die so aussehen wie ich. Also noch ziemlich klein. Mit ihren aufgepimpten Muttis. Ach, das ist ja interessant. Deshalb ist Mutti auch so chic.

Omis Freundin hat Mutti am Strick, Omi mich. Wir sollen auf einen großen Platz. In der Mitte stehen Menschen, die begucken mich genau. „Die Jury", sagt Mutti.
Mir wird das Halfter abgenommen. Höre, wie ein Mann meine Omi fragt, ob ich zu verkaufen sei!

„Auf keinen Fall! Das ist mein Enkel", haut Omi ihm um die Ohren.
Damit bin ich einverstanden.

Wir sollen eine große Runde laufen. Omis Freundin läuft mit Mutti, ich soll eigentlich nebenher laufen. Kriegs aber nicht so ganz geregelt.
Omi eiert mit der langen Peitsche hinterher und gibt, wie immer, Anweisung!

Dann stehen wir in der Mitte. Ich mach 'ne Pose. Aber nicht lange. Muss erstmal einen nehmen! Hab Durst.
War aber lange genug für die Jury: Und ich konnte es kaum glauben: Die Richter haben mein Aussehen mit einer „8" (geht bis 10) bewertet. Ich hätte so tolle Augen und einen schön angesetzten Hals.
Omi hat nämlich einer anderen Züchterin erzählt, dass sie meine Augen nicht so schön findet und ich einen fürchterlichen Unterhals hätte. Aber ich glaube, die hat keine Ahnung!
Nur am Gangwerk müsste ich noch etwas feilen, aber ich sei ja im Moment so überbaut. Also, ich bin hinten höher als vorne!
Beim Laufen war ich auch ein bisschen aufgeregt und wusste nicht genau, wo ich hinrennen sollte.
Die Richter haben Omi sogar beglückwünscht, für so ein schickes Fohlen.
Da war die aber platt!

Hinterher haben mich noch drei Leute angesprochen und mir gesagt, wie hübsch ich sei.

Der, der meine Abzeichen für meinen Perso gezeichnet hat, wollte mich sogar küssen. Das habe ich nicht zugelassen. Bin doch noch viel zu jung!

Dann hat mich einer gepackt. So schnell konnte ich gar nicht reagieren, wie ich an Hals und Schweifrübe festgehalten wurde. Hab angefangen zu zappeln. Hat nix genützt.

Mir wurde in den Hals gestochen und ich habe doll geblutet.

Das ist also chippen! Nicht schön!

Mutti trampelt derweil von einem Bein aufs andere. Die muss mal aufs Klo. Nicht hier, vor allen Leuten. Omi war auch schon zweimal, hat sie gesagt. Ich nicht. Bin angspannt. Was kommt jetzt?

Ein Tattoo! Naja, eher eine Einbrennlackierung!
Das tut mal ausnahmsweise nicht weh.
Aber eins weiß ich: Ich bin jetzt ein echter Niedersachse, also Hannoveraner!!!

Omi ist stolz wie Oskar! Meinetwegen!!!

Wir gehen wieder zu dem Ungeheuer. Leute, wenn ich könnte, würde ich den Mittelfinger zeigen.

Ich geh da nicht mehr rein! No more!!!!

Omi, die Blitzbirne, hat das längst gecheckt und sich Verstärkung geholt. Ein Mann nimmt mich einfach auf den Arm und trägt mich ins Ungeheuer.
Ich schreie wie am Spieß. Omi kommt mit Mutti sofort hinterher.
Natürlich nicht ohne triumphierende Worte: „Brauchst gar nicht quieken wie ein Ferkel. Der Drops ist eh' gelutscht!"
Linke Bazille. Warte ab!

Die Quittung habe ich Omi dann zuhause präsentiert.

Die hat in dem Ungeheuer vorne einen Teppich, damit es leiser ist, wenn mal einer mit den Füßen kratzt und der Boden nicht kaputt geht.
Sie hat mir aber nicht gesagt, wie rum ich stehen muss. Und da habe ich - wohl versehentlich - meine Blase in die falsche Richtung entleert. War der Teppich nass. Roch auch nicht so gut.
„Sau", meine ich gehört zu haben.
Innerlich habe ich abgefeiert!

Nur mal fürs Protokoll:
An Nettigkeiten hatten wir: Kuh, Esel, Stinker, Dummerle, Hippe, Kröte, Ferkel, Sau!
Ach, den „Hilfsschüler" hätte ich fast vergessen. Auf die Steigerung bin ich jetzt schon gespannt.

Irgendwann räche ich mich. Warte nur auf meine Chance.
Ich weiß nämlich was. Hat Onkel Becker mir erzählt:
Omi hat im Winter schon mal Jacken an, die unten einen
Gummizug haben, den man mit einer Kugel oder so was
ähnlichem, feststellen kann.
Dieses Ding hat er mal zwischen die Lippen genommen,
dran gezogen und wieder flitschen lassen. Omi hat ungefähr so geschrien wie ich, als ich in das Ungeheuer
musste!

Yee-haw! Ich hab's raus. Ich weiß, wie es funktioniert.
„Na, Klugscheißer, weißte endlich wie das Wasser in die
Tränke kommt?"
Da staunste aber, Omi, ne?
Die Anrede habe ich überhört.

Rache ist süß, dachte ich, und hab mal tüchtig in Omis Jacke gebissen. So als Retourkutsche für all die lieben Be-
zeichnungen und das mehrfache Belächeln meiner damali-
gen blanken Knabberleiste.
Hat die mir eine gezimmert!!!
Sofort habe ich Mutti gefragt, bei wem sich Pferde be-
schweren können. Da gibt es doch bestimmt eine Institu-
tion, oder?

Die hatte aber kein Mitleid. Meinte nur, dass man nicht in
die Hand beißen darf, die einen füttert!

War doch gar nicht die Hand, sondern die Jacke!
Hab's nicht verstanden!

Hin und wieder ticke ich ja auch mal aus. Ich brauche einfach Bewegung. Dann renne ich über die Koppel und mache Bocksprünge.
Und ich bin schon richtig schnell! Glaubte ich!
Wie ein wildgewordener Handfeger bin ich mal wieder um Mutti und Onkel herumgedüst. Bis denen das massiv auf die Nerven gegangen ist.
Erst haben sie mich nur beobachtet. Plötzlich gaben die Gas!
Dass die so schnell laufen können, hätte ich nicht gedacht. Respekt!
Einer von rechts, der andere von links - und schon hatten sie mich in der Zange. Bevor ich mich versah, hatten sie mich vorm Zaun eingeparkt.
Es gab kein Entkommen.
Okay, dann erstmal wieder 'nen Drink, von Mutti.

Hilfe!!! Hilfe!!!
Hört mich denn hier keiner?
Mutti! Muttiiiiii!
Nix. Ist mit Fressen beschäftigt! Anscheinend ist hier jedem vollkommen Latte, dass ich verrecke. Gott, ich bin genauso hysterisch wie Omi.
Und was mache ich jetzt? Kann mich nicht mehr bewegen. Bin gefesselt!

Was ich auch versuche, es gelingt nicht.

Dabei habe ich mir nur in der Box ein kleines Mittags-
schläfchen gegönnt.

Während ich geschlafen habe, muss die Wand wohl näher
gerückt sein.

Also, ich könnte schwören, die war da vorher nicht. Sonst
hätte ich nicht versucht, mich über den Rücken auf die andere Seite zu rollen. So doof bin ich auch nicht!

Nun liege ich hier. Auf dem Rücken, wie ein Käfer, Beine
hochkant an der Wand. Völlig ausgepowert.

Weiß nicht mehr weiter……

Rettung naht! Omiiiii………!

„Den Krach hört man ja meilenweit! Haste Dich festge-
legt? Wird nicht das letzte Mal sein."

Das sind ja tolle Aussichten!

Wehrlos liege ich da. Omi packt mich an den Hinterbeinen
und dreht mich einfach auf die Seite. Ich kann wieder aufstehen.

Danke Omi!

Durst…….

„Mensch, Tobi! Was hast Du denn gemacht?"

Erstens: Nicht Mensch! Zweitens: Nix!

„Was hast Du denn da für 'ne dicke Beule?"

Wo?

„Das ist ja 'ne dritte Arschbacke!"

Oh, jetzt wo du es sagst, Omi. Ist mir noch gar nicht aufge-
fallen.

„Komm mal her. Tut das weh?"
Omi drückt auf die Mega-Beule, die ich an meinem linken Hinterteil habe.
Die ist aber ganz weich und tut überhaupt nicht weh.
Das merkt Omi auch. Ruft aber sicherheitshalber den Tierarzt an. Der macht eine Ferndiagnose und meint: Das ist ein Erguss. Kann man nichts machen, außer Abwarten.
Aber Omi ist ein Kümmerer. Die macht bei mir Lymphdrainage, sagt sie. Ganz vorsichtig.
Soll ich mal was wiehern? Das tut richtig gut. Und im Laufe der nächsten Wochen verschwindet dieses Ding auf so wundersame Weise, wie es gekommen ist.
Vielleicht bin ich in meinem Übermut irgendwo vorgelaufen. Oder es hat mich einer von meiner Sippe erwischt, als er nach 'ner Fliege getreten hat.
Egal, ist wieder weg!

Es ist früh morgens. Ich bin total irritiert. Wo bin ich?
Wieder ist Omi zur Stelle. Ohne sie hätte ich jetzt ein Problem. Und zwar ein größeres!
„Tobi!"
„Hier!"
„Tobi?"
„Hier!!!!!"
„Tobiiiiii?"
„Hiiiiier!!!!!"
Lauter kann ich nicht!

Endlich sieht sie mich. Hab mich nicht versteckt. Weiß auch nicht so genau.
Auf jeden Fall stehe ich auf der Nachbarwiese. Und da ich nicht weiß, wie ich dahin gekommen bin, komme ich demzufolge auch nicht wieder zurück.
Ich steh' hier schon länger und habe Durst. Mutti kann nicht zu mir. Da ist ja der Zaun.

„Na, Tobi, biste unterm Balken durchgekrabbelt?"
Kann sein! Ist mir auch egal! Ich will zu Mutti!
„Dann werde ich dich mal befreien."
Ja bitte!
Und möglichst zügig!
„Hier muss ich alles sichern wie Fort Knox."
Von mir aus.

Schon haben wir zusätzlich Litzen als Absperrung zur Verhinderung meiner, von Neugier geprägten, Ausbruchsversuche, bei denen ich anschließend gleich mal Bekanntschaft mit der Elektrizität machen durfte.

Die Sonne ist heute noch nicht aufgegangen, da ist schon der Bär los.
Besser gesagt: Onkel Becker ist los.
Wie von der Tarantel gestochen rennt er über die Weide.
Immer wieder bleibt er an derselben Stelle stehen und

schnaubt einen kleinen Haufen an. Mutti ist auch ein bisschen nervös, hält sich aber dezent zurück. Ich bleibe bei ihr.
Was ist denn?
Muss immer hinterherrennen. Bin schon völlig aus der Puste!

Und wieder: Heaven in hell!!
Omi!
Völlig verpennt – und ich glaube, im Schlafanzug - kommt sie zu uns. Ist ja auch verdammt früh.

„Was ist mit Euch los? Becker, was hast Du?"
Artig wie ein Hund läuft Onkel zu dem kleinen Hügel, vor dem er in respektvollem Abstand stehenbleibt und schnaubt.
„Hast Du jetzt Angst vor deinem eigenen Kackhaufen?"
Oh Mann, Omi! Es sei dir verziehen. Schließlich bist du ohne Brille unterwegs und um diese Zeit hast du bestimmt noch keine Kontaktlinsen drin.

Das merkt sie auch, als sie näher kommt.

„Macht Euch keine Sorgen, das ist nur ein Igel! Ihr bleibt jetzt mal ganz lieb hier stehen und ich bringe den weg!"
Das machen wir. Omi holt eine Schippe und entfernt das Ungetüm.

„Da könnt ihr aber froh sein, dass ich ins Bad musste und euch gesehen habe."
Sind wir auch. Geh wieder ins Bett und schlaf weiter. Hier ist alles in Ordnung.
Entspannt können wir weiterfressen.

Heute ist wieder Fußpflege.
Ich bin auch dran!
Omi hat fleißig mit mir trainiert. Aber das mit dem Gleichgewicht ist noch ein Thema, wenn ein Bein in der Luft ist.
Der Helfer vom Schmied packt mich genauso, wie damals der eine, als ich tätowiert worden bin. Keine Chance!
Omi steht vor mir und sabbelt irgendeinen Schwachsinn, um mich abzulenken.
Gar nicht nötig. So schlimm ist das nicht.

Heute kommt wieder der Typ, der das mit der Laterne gesagt hat, mit Omi auf die Weide. Freundlich, wie ich bin, laufe ich auf ihn zu, um mir direkt von Mutti eine Klatsche einzufangen. Vielleicht wollte sie mich daran erinnern, dass die Bemerkungen über mein Äußeres teilweise nicht so charmant waren.
„Oh, Mutti will nicht, dass ihr Fohlen zu Fremden geht", sagt der Typ.
Ich halte mich ab jetzt jedenfalls im Hintergrund.

Da ich mittlerweile ordentlich gewachsen bin, meine Zähne übrigens auch, schaffe ich es, Mutti das Essen aus dem Trog zu klauen. Jedes Mal kriege ich Muttis Unmut zu spüren. Das fällt auch Omi auf, dass ich ganz bedröppelt daneben stehe.

Und.... schon habe ich einen eigenen Trog. Einen Fohlentrog. Der hat Stäbe in der Mitte, damit die dicken Nasen der Großpferde nicht reinpassen.

Leider ist Mutti immer noch reingekommen und Omi hat die Stäbe enger gesetzt. Da Mutti aber sehr hungrig ist und beim Essen keine Verwandten kennt, hat sie sich trotzdem mit ihrer Nase da rein gezwängt.

Nicht ohne Folgen: Sie ist nämlich drin steckengeblieben und hat den Trog ausgehebelt. Nun klemmte der auf ihrer Nase – aber ans Futter kam sie trotzdem nicht. Irgendwann ist sie das Ding losgeworden und hatte erstmal 'ne dicke Schramme auf der Nase. Seitdem habe ich mein Futter allein. Bemühe mich, es schnell aufzuessen um Mutti nicht in Versuchung zu führen.

„Du bist 'ne Kackbratze!"
Selbstverständlich galt mir diese Ansprache. Habe ja gewusst, dass es noch Steigerungen in puncto Beleidigungen gibt.

Habe mir mal nichts anmerken lassen und ein unschuldiges Gesicht gemacht. Ich weiß aber schon, dass ich da was verwechselt habe. Aufgrund meiner Größe ist es mir gelungen, die Tränke als Toilette zu benutzen, das heißt, ich habe da mein großes Geschäft verrichtet.

Omi war sauer. Mutti auch. Die hatte nämlich nix zu trinken. Musste warten bis Omi saubergemacht hat.

„Sag mal Becker, wie siehst Du denn aus?"
Natürlich gibt der keine Antwort. Aber Omi bleibt dran.
„Was ist mit Deinem Schweif passiert?"
Sicherheitshalber verstecke ich mich schon mal hinter Mutti. Da kommt gleich was…
„Tobi, Du hast doch 'ne Macke! Das warst Du doch wohl, oder? Der halbe Schweif ist abgekaut!"
Also, um ehrlich zu sein, ich glaube schon. Ich muss doch alles untersuchen. Und irgendwann muss ich wohl Onkels Schweif zu fassen gekriegt haben. Und mit meinen Zähnen kann ich allerhand anfangen. Zum Beispiel: Kauen. Da hab ich mich rangehalten. Onkel Becker hat aber auch stillgehalten. Ich denke, der hat das gar nicht gemerkt. Im Übrigen ist dem völlig egal, wie er aussieht. So dreckig wie der immer ist!

Wie sehen die aus? Mutti und Onkel! Oh mein Gott! Beängstigend! Wie Aliens!
Die haben Mützen aufm Kopf, bis zur Nase. Und Decken, bis zum Hals. Erst hab ich gedacht, das ist nicht Mutti. Hab mich gar nicht hin getraut. Aber jetzt weiß ich, wozu das gut ist. Gegen die vielen Fliegen. Und da ich in so eine Montur noch nicht reinpasse, bin ich mit dem Kopf einfach unter Muttis Decke gekrabbelt. Hatte ich Schatten, keine Fliegen und was zu trinken in der Nähe. Clever, ne?

Nicht! Omi, bitte nicht! Nicht anfassen! Nicht an meinen Hals fassen!

„Aber Tobi, was ist mit Dir? Warum darf ich Dich nicht anfassen?"

Aua, es tut so weh, Omi! Siehst du das nicht?

Sie sieht es!

„Du hast ja auf beiden Seiten Beulen am Hals. Das muss ich mir aber ansehen."

Ansehen vielleicht, aber nicht anfassen!

Nicht anfassen!!!!

„Tobi, jetzt lass mich doch mal gucken. Ich muss Dich mal anfassen."

Neeeeeeeee! Ich habe Schmerzen.

„Wer hat Dich denn da gebissen? Das ist ja 'ne richtige Wunde. Warste wohl frech?"

Nö!

„Ich muss das desinfizieren. Halt still. Du bist schon so 'n Warmduscher wie Dein Onkel. Jetzt sei mal kein Mädchen!"

Doch!

Alles Wehren nützt nichts. Omi schmiert Salbe drauf. Es tut höllisch weh. Kann meinen Hals kaum bewegen.

Omi meint nur: „Bis Du heiratest ist das weg."

Witzig!

Heute ist Omi aber auf Krawall gebürstet. Die ist stinkig. Ihre Band hat sich aufgelöst. Und das, obwohl sie so viel geübt hat. Aber sie ist gar nicht zum Zuge gekommen. Dafür kriege ich 'ne Kostprobe. Das kann ja heiter werden! Ach, sieh mal einer an. Die singt richtig gut. Eine Ballade, sagt sie. Ich stehe auch ganz still und lausche. Die hat richtig was gelernt.

Omi kommt ganz aufgeregt angelaufen.
„Tobi, DU hast gewonnen!"
Wie bitte?
„Du hast ein Radio gewonnen!"
Ich? Hab nirgendwo mitgemacht. Was für 'n Radio?
„Tobi, die Omi hat die Geschichte Deiner Namensgebung an Radio Bob! geschickt. Da wollten sie die besten Rockstorys hören. Omi hat das sogar im Radio erzählt!"
Ohne mich zu fragen!
Aha! Es ist also MEIN Radio, weil das auch MEINE Rockstory ist. Da bin ich aber gespannt, ob ich das wenigstens mal zu sehen kriege, bevor Omi es kassiert.

Des Öfteren habe ich gehört, dass Omi gesagt hat, dass ich weg soll. Zu einem gleichalterigen Artgenossen, damit ich später nicht verhaltensauffällig werde. Aber ich möchte gar nicht weg. Dann habe ich ja keine Omi, die ich ärgern kann!

Heute war der Tierarzt da und hat die Alten geimpft. Und als er uns gesehen hat, meinte er: ‚Lass die bloß zusammen. So eine Familie kriegst du nie wieder. Wenn du die Kleine weggibst und die später zurückkommt, ist sie fremd. Da weißt du nicht, ob sie akzeptiert wird'.

„Okay Tobi, Du bleibst bei uns."

Oh, wie schön!

Ein Gespenst! Erst mal Deckung.

Mutti meint: Das ist Omi. Wenn die so aussieht, wird's laut. Und wenn wir Glück haben, gibt's nachher was zu knabbern.

Höllenlärm. Omi hat die Motorsäge angeschmissen und schneidet dicke Äste ab.

Und tatsächlich. Plötzlich schmeißt sie einen dicken Ast auf unsere Wiese. Die Großen zeigen mir, dass man die Rinde abnagen kann.

Weil es nicht mehr so warm ist, müssen wir abends rein. Als Omi uns heute reinholt, kriegt sie 'ne Krise. Einer von uns hat nicht rechtzeitig die Bremse gezogen und ist in den Zaun gerannt. Dabei sind einige Latten und Pfähle draufgegangen.

Das bedeutet wieder Arbeit für Omi!

„Ihr seid doch Idioten!"

Wie tröstlich, dass die anderen auch mal tituliert werden.

Wir sagen aber trotzdem nicht, wer es war!

Upps, eine fliegende Untertasse!

Ach nee, das ist ein Hufeisen von Onkel Becker. Das habe ich schon ein paar Mal erlebt, seitdem der Boden so weich geworden ist.

Omi ist bedient! Die muss dann immer den Schmied holen, der das wieder aufnagelt.

Jetzt ist sie so genervt, dass sie beschließt, dass er barfuß laufen muss.

Omi ist heute Morgen in Eile. Muss zu Arbeit. Wir sollen auf die Weide laufen. Das machen wir immer alleine. Wir wissen, wo's langgeht.

Heute hat sich mein Onkel was ausgedacht. Der kriegt sofort mit, wenn Omi mal nicht aufpasst.

Hat sie doch das Tor zum Reitplatz aufgelassen. Der steht auch teilweise unter Wasser.

Unser Rebell hat das entdeckt und kurzfristig kehrt gemacht. Mutti und ich sind natürlich hinterher gelaufen.

Und so sind wir erstmal lustig in der Matsche rumgesprungen. Omi stand mehr oder weniger hilflos in ihrem Bürodress am Zaun und konnte in ihren Salontretern nicht auf den Platz. Sie hat gerufen und geschimpft.

Wir hatten Zeit!

Sie nicht!

Irgendwann tat sie uns leid und wir haben den Weg in Richtung Koppel angetreten.

Wenn wir gekonnt hätten; wir hätten uns vor Lachen auf die Schenkel geschlagen!

Mittlerweile ist auch Mutti mittelschwer angefressen, weil der Platz in der Box aufgrund meiner Größe nicht mehr so übersichtlich ist.

Omi hat schon angedroht, dass ich, nach der nächsten Wurmkur und dem damit verbundenen Ausmisten, ausziehen muss.

Wie wird das sein, so alleine? Vielleicht muss ich weinen, wenn ich nicht mehr bei Mutti sein kann?

Der Tag – die Sorge!

Schon ist es soweit: Ich hab 'ne coole Butze! Mein eigenes Zimmer!

Ganz hell, wegen der vielen Fenster.

Freue mich wie Bolle, bin auch gleich reingestürmt. Mutti steht gegenüber.

Hab auch nicht geweint, nur dreimal versucht, die Tür einzutreten. Die Tür hat gewonnen!

Die erste Nacht habe ich gar nicht geschlafen und nur aus den vielen Fenstern geguckt.

War so spannend!

Morgens kommt der Service jetzt auch zu mir persönlich. Macht sauber und serviert das Frühstück. Letzens hat Omi mein Zimmer abgeäppelt, mir dabei den Rücken zugekehrt und sich gebückt. Und weil ich ja gelernt habe, nicht in ihre Jacke zu beißen, habe ich mal mit meinem Vorderbein

versucht, mich bemerkbar zu machen. Das kriege ich ganz schön hoch und habe damit auf ihren Rücken getippt.
War aber auch verkehrt!

Ich habe sogar schon so einen großen Trog wie die anderen. Bin ganz stolz!
Bevor wir raus sollen, darf ich erst zu Mutti. Die hat ja immer noch was im Milchtank und das ziehe ich mir genüsslich rein.

Omis Traum von mir als Dressurpferd habe ich erstmal platzen lassen. Als ich doch kürzlich als Erste von der Weide galoppiert kam – kenne den Weg – habe ich die Kurve nicht gekriegt und bin über das Absperrband gesprungen.
Hat sie gestaunt!
Bekam sie schon mal einen ersten Eindruck von meiner Springpferdqualität.

Und ein schlechtes Gewissen hat sie auch. Weil ich keinen Spielkameraden habe, ist mir öfter langweilig. Es ist auch schon früh dunkel und unsere Weidezeit begrenzt.
Deshalb kommt Omi jeden Abend und holt mich aus der Box. Ich werde geputzt und meine Hufe gereinigt. Das mit dem Gleichgewicht klappt auch schon. Fast!
Ab und zu falle ich noch um. Aber ich arbeite daran.
Nur die Bürste, die so kratzt, finde ich übel. Da habe ich mal nach getreten.

Mache ich auch nicht wieder! Ist mir nicht gut bekommen. Habe es dann mit Beißen versucht. Nutzlos!

Es ist endlich da!
Omi bringt es mir: MEIN Radio!
Man soll ein Foto mit seinem Gewinn machen und an Radio Bob! schicken.
Ich werde auf der Stallgasse angebunden und das Radio positioniert. Oben drauf kommt noch die ‚Radio Bob! Pommesgabel'. Das ist ein Handschuh, der mir – Gott sei Dank – nicht passt. Sonst hätte ich den wahrscheinlich anziehen müssen.
Dann soll ich in die Kamera lächeln! Wie albern ist das denn?
Zumal ich das gar nicht kann. Höchstens innerlich. Wenn wir Omi verarschen.
Aber die Omi sagt nur „lächeln", weil dann die Kamera auslöst. Ist ja abgefahren!
Nachdem eine ganze Fotosession im Kasten ist, bearbeitet Omi das beste Bild und schickt es zum Radiosender. Anschießend postet sie es noch auf ihrem Smartphone, damit mich ja alle sehen.
Gibt es da nicht was mit dem Recht am eigenen Bild?
Wird auch notiert. Kann man bestimmt nochmal verwenden.

Omi will mit mir alleine in die Halle gehen. Gehe auch mit. Bis zur Ecke der Stallgasse. Dann ziehe ich die Handbremse an und parke. Und weil ich in Omis Augen ja so doof bin, zeige ich gleich mal was passiert, wenn ich mich nicht bewegen will. Da kann sie mit ihrer Möhre so lange vor mir rumfuchteln wie sie will. Ich habe erstmal Pause. Ärgerlich nur, dass sich Omi immer wieder was einfallen lässt. Nach einer heftigen, einseitig verbalen, Diskussion und massiver Aufforderung durch ihren harmlosen Führstrick, kommt sie mit 'nem Stock, der heftig raschelt. Damit hat sie mich tatsächlich beeindruckt und ich gehe mit. Als Omi endlich gemerkt hat, dass mich die Plane, die da liegt, so unsicher gemacht hat, entschuldigt sie sich sogar bei mir und ich kriege die Möhre.

Ach herrje. Was hat der denn an? Sieht zum Schießen aus! Was es alles gibt!
Erst habe ich gedacht, so was tragen nur Menschen. Und normalerweise an beiden Füßen.
Onkel Becker trägt einen Krankenschuh, weil er ein Hufgeschwür hat.
Mal wieder!

Als wir heute draußen sind kommt Omi und entfernt die Litze vom Zaun, die sie seinerzeit, ausschließlich für mich, angebracht hat.
Mir soll nochmal einer erzählen, ich hätte nur eine beschränkte Intelligenz!

Wenn ich sehe, wie Omi die Litze aufwickelt, dann denke ich mir auch meinen Teil. Muss man dabei eigentlich so oft stolpern und sich die ständig um die Beine wickeln?
Schon interessant zuzuschauen!

Mittlerweile gehe ich mehr oder weniger gerne mit Omi in die Halle. Manchmal sind im Durchgang Sachen, vor denen ich Angst habe. Mutti merkt das und ruft mich zurück. Dem möchte ich auch Folge leisten, mit Bocken und Steigen. Ziehe alle Register, aber es gibt Krieg. Mit Omi!
Frage: Gibt's für Pferde Antidröhn?
Die brüllt mich an, dass ich fast einen Tinnitus bekomme.
Alle Gegenwehr ist zwecklos. Ich folge.
Zur Belohnung finde ich viele spannende Spielsachen in der Halle, die ich alle, solange ich will, unter die Lupe nehmen darf.

Eine Frau kommt. Die sieht eigentlich ganz sympathisch aus.
Wie man sich täuschen kann….
Als erstes sagt sie, ich sei zu dick. Das ist ja schon mal frech.
Und dann will sie mir noch eine Nadel in den Hals stechen.
Da bin ich aber ausgerastet!
Omis notorisches Gesabbel, dass Impfen für meine Gesundheit unerlässlich ist, geht mir meilenweit am Gesäß vorbei.

Ich will das nicht! Das tut weh!
Leider habe ich einen Moment nicht aufgepasst und war abgelenkt.
Da war die Nadel drin.
Ich schwöre: Nochmal mache ich das nicht mit!
Verspochen!

Die Alten rennen raus auf die Weide. Ich auch. Habe nicht gemerkt, dass ich etwas Stroh unter den Füßen habe und vermesse gleichmal die Stallgasse.
Omi hat sich tüchtig erschreckt, weil es so viel Krach gemacht hat, als ich hingefallen bin. Mir ist nichts passiert.
Aber angenehm war das nicht.
Hätten ja auch mal auf mich warten können, die Doofen!

Huch, hat Omi neue Schuhe? Ich untersuche sie immer von oben bis unten, wenn sie in meine Box kommt. Vielleicht finde ich was Essbares.
Heute hat sie Bänder an den Schuhen. So schnell konnte Omi gar nicht sein, dass ich so 'n Ding nicht zwischen die Zähne gekriegt habe.
Zack, Schuh auf.
Stress habe ich nur bekommen, weil ich nicht wieder losgelassen habe.
Hat aber Spaß gemacht!

Weil Omi wegen meines Affentanzes beim Impfen so ver-ärgert war, kommt sie jetzt jeden Tag und piekt mir in den Hals.

Und ich mache jeden Tag das gleiche Theater!

Da nützt auch das Leckerli nix, das ich als Belohnung be-komme, wenn ich mal zufällig stillhalte.

Jedenfalls habe ich festgestellt, dass man seiner Ver-wandtschaft auch nicht trauen kann. Da stehe ich nichts-ahnend auf der Wiese und futtere, da kommt mein Onkel auf mich zu. Spätestens jetzt habe ich mich gefragt, wie alt der wohl wirklich ist.

Omi sagt immer: Das Kind im Manne!

Er beißt in mein Halfter und hält es fest. Und damit nicht genug. Er schüttelt meinen Kopf rauf und runter. Mehr-fach! Bis mir total schwindelig ist.

Ich hatte keine Chance. Der ist doch viel stärker als ich. Noch…..

Zudem die völlig überflüssige Frage später von Omi: „Wa-rum hast Du denn Dein Halfter um den Hals?"

Kein Kommentar!

Ach guck, Omi hat neue Haare. Bei meiner täglichen Un-tersuchung habe ich das mal begutachtet.

Habe ich nur zwischen die Zähne genommen und dran ge-zogen.

„Das ist eine Mütze und die bleibt, wo sie ist", schallt es mir entgegen.
Okay, okay!

Und was ist jetzt mit Mutti los? Die steht am Abend in der Box und zittert. Aber wie!
Omi hängt ihr eine Decke um und geht mit ihr in die Halle. Etwas später kommt der Tierarzt, aber da ist Mutti schon wieder fit. Omi vermutet ein Kreislaufproblem.
Alles wieder gut!

Das habe ich doch jetzt nicht wirklich gehört?
Der Typ, der so blöde Bemerkungen wegen meiner weißen Nase gemacht hat, steht bei Omi am Reitplatz. Die sitzt auf Mutti.
„Dein Fohlen habe ich letzte Tage auf der Weide gesehen. Das hat sich aber gemacht. Vorher sah das ein bisschen aus wie ein Marzipanschwein."
Geht's eigentlich noch? Der kann froh sein, dass ich nicht sprechen kann!

Hilfe!!!!
Hoffentlich kommt Omi bald. Die muss doch noch ihren Abendrundgang machen um zu sehen, ob bei uns alles in Ordnung ist.
Bei mir nämlich gerade nicht!
Also mit diesen immer wieder näher kommenden Wänden hab ich's ja.

Wieder ist da so ein Ding im Weg und hindert mich am Aufstehen. Ich probiere es schon die ganze Zeit. Wird nix.
Zu sehr habe ich mich mittlerweile verkantet.
Was jetzt?
Wie lange dauert das denn noch?
Endlich! Ich höre Omi!
Jetzt guckt sie in meine Box.
„Ach du Scheiße", höre ich und bin ganz bei ihr.
Mal eben rumdrehen, wie damals, kann sie mich aber nicht mehr. Bin ja viel größer und schwerer. Aber nicht dick!
Omi hat eine Idee, die sie auch direkt umsetzt.
Die macht richtig Radau. Laut und lange! Und zwar so, dass ich vor lauter Schreck einen vollen Adrenalinschub kriege und plötzlich wieder auf meinen Füßen stehe.
War das anstrengend……
Danke Omi!

Wer kommt da?
Mutti hat's schon bemerkt und gibt es entsprechend akustisch bekannt.
Ich kenne den nicht! Dass der aber nichts Gutes im Schilde führt, rieche ich.

„Fangen wir mit dem Einfacheren an?", höre ich Omi fragen.
„Nee, wir nehmen erstmal die Kleine", antwortet der Mann.

Mich?

Viel Vergnügen. Ich weiß genau, was kommt!

Omi zieht mir das Halfter an. Dann kommt der Mann.

Und was der in der Hand hat, das kenne ich nur zu gut.

Ich habe es geschworen. Nicht noch mal!

Da zeige ich gleich mal, wie gut ich auf meinen Hinterbeinen stehen kann um diese anschließend nach hinten zu lüften.

Nicht ohne Folgen!

Omi hat mir dermaßen eine geknallt, dass ich gar nicht mehr wusste wie ich hieß und wo ich wohnte.

Genau diesen Moment hat sich der Mann zunutze gemacht, mein Ohr gepackt und selbiges auf halb sieben gedreht.

Omi, genauso mies, hat sich an meiner Nase festgekrallt.

Innerlich hatte ich genauso schlimme Worte drauf, wie die, die Omi öfter benutzt.

Gefesselt und geknebelt musste ich die Tortur über mich ergehen lassen.

„Und Tobi, hat doch nicht wehgetan, oder?"

Doch! Hat es!

Hat schon mal einer 'ne Nadel in einen verspannten Muskel gekriegt?

Tut gut, ne?

Wie soll ich mich vor so einer Folter entspannen?

Tut Mutti übrigens auch nicht. Aber erst, seit sie davon einen Abszess hatte.

Bewundere meinen Onkel. Wie relaxed ist der denn!
Der hängt bei Omi im Arm, lässt sich in die Nase quatschen und das Ohr kraulen.
Der zuckt noch nicht mal!
Unglaublich! Wo der doch sonst bei der kleinsten Kleinigkeit sofort losheult.
Der Mann, der nach Muttis Erklärung Tierarzt ist, findet auch kaum Worte für Onkel Becker und fragt Omi: „Was hast du denn mit dem gemacht oder hast du den ausgetauscht. Früher saß der doch auf der Tränke wenn ich kam und wir sind dem in der Box hinterhergelaufen."
„Vertrauen", die Antwort von Omi.
Das sehe ich aber anders. Ich traue noch nicht mal mehr meiner eigenen Sippe, nach der Halfteraktion.

Wehe! Wehe!!!!
Fass mich bloß nicht an!
„Aber Tobi, was ist denn los?"
Der Schmied kommt.
„Was hat die denn? Die ist aber komisch drauf."
DIE hat Schmerzen. Merkt aber keiner.

Oh, wird aus Onkel Becker jetzt Tante Becker?
Der kriegt auch so 'ne Ausgehfrisur, wie Mutti damals, als die mit mir zur Präsentation gefahren ist.
Dann fährt Omi mit ihm weg und ich bin mit Mutti den ganzen Tag auf der Weide.

Irgendwann kommt der wieder und komplettiert mein Weltbild.

Die Zöpfe sind raus, dafür hat er Locken. Könnte mich wegschmeißen. Sieht der aus!

Wie ein Mädchen. Dachte ich's mir doch!

Mutti ist den ganzen Tag schon mies drauf und versucht auf der Weide zu schlafen, was ich aber zu unterbinden weiß.

Mir ist nämlich langweilig und ich möchte beschäftigt werden.

Also trete ich ihr, wenn sie es sich gemütlich gemacht hat, mit dem Fuß in den Hintern, und zwar so oft, bis sie endlich aufsteht.

Das hat sie schließlich mit mir genauso gemacht. Und das, als ich gerade ein paar Stunden auf der Welt war!

Als wir in unseren Boxen sind, schaut sich Omi meine Mutti genauer an. Die ist immer noch komisch. Ich übrigens auch. Aber von mir nimmt ja keiner großartig Notiz. Schließlich kann man mit mir noch nicht viel anfangen, außer, mich permanent zu maßregeln.

Haben wir es jetzt, Omi?

Tatsächlich hat Omi die Beule an Muttis Hals entdeckt. Natürlich vom Pieksen!

„Hast Du etwa auch eine, Tobi?"

Donnerwetter! Wie ist sie da bloß drauf gekommen?

„Dass das weh tut, glaube ich. Ich creme Euch gleich ein."

Was? Womit?

Unter energischem Protest lasse ich Omi an meinen Hals. Auch wenn Mutti das entspannt hat über sich ergehen lassen. Ich traue dem Braten nicht!

Es ist aber nicht so schlimm wie ich dachte. Omi ist auch ganz vorsichtig und schmiert eine kühle Masse drauf.

Tut gut! Das lasse ich mir täglich gefallen.

Wisst ihr, was heute für ein Tag ist?

Nee?

Ich auch nicht!

Aber Omi.

„Tobi, Du hast heute Geburtstag!"

Ist das was Schlimmes? Tut das etwa weh?

„Du wirst ein Jahr alt."

Und?

„Da bekommt man Geschenke."

Näh!!

Echt?

Was denn?

„Ein neues Halfter, einen Führstrick, eine Tüte Bonbons und einen Futtereimer."

Wobei das mit dem Eimer auch allerhöchste Eisenbahn wurde. Der war schon so abgekaut und bestimmt noch von meinen Urahnen. Ich hab ein paarmal draufgetreten, da musste Omi 'nen neuen locker machen.

„Und eine Überraschung habe ich auch noch für Dich. Die kriegst Du später."

Soso! Was das wohl sein wird?

Es sollte in der Tat eine werden. Und was für eine.

Noch nie habe ich mich so erschreckt!

Aber der Reihe nach.

Erst geht Omi mit mir auf den Sandplatz und dreht zur Feier des Tages ein Video von mir, welches sie anschließend nicht verschicken kann, weil ich die ganze Zeit auf dem Kopf stehe. Ich denke, die hat die Kamera falschrum gehalten. Jedenfalls hat sie tagelang vergeblich versucht, das zu korrigieren. Schließlich hat sie davon Fotos erstellt. Aber ich bin ordentlich abgespackt, weil Omi mir immer mit einer knisternden Tüte, wie sie selbiges bezeichnet, auf die Pelle gerückt ist.

Hauptsache, sie hat sich gefreut!

Anschließend sind wir alle aufs Grün gegangen.

Als wir abends reingingen, war ich mal wieder die Letzte, weil ich mir noch was angucken musste.

Die Alten waren schon drin und irgendwann habe ich Omis quengeligem Rufen nachgegeben.

Gerade wollte ich in die Stallgasse einbiegen, da trifft mich fast der Schlag.

Ich war so geschockt, dass ich erstmal einen halben Meter rückwärts geflogen bin.

„Aber Tobi, das ist doch nur Dein neues Boxenschild."
Na toll, die Überraschung ist wirklich gelungen!
Später habe ich mir das mal genauer angesehen.
Da ist Mutti drauf, und mein Papa. Aber den kenne ich nicht. Der zahlt auch nicht für mich.
Ich bin mega stolz!

Ab jetzt darf ich immer rausgucken. Omi hat mir das Boxengitter aufgemacht.
Sie vertraut mir und meint, ich sei alt genug und würde keinen Blödsinn machen.
Und damit sie das nicht wieder zumacht, habe ich gleich den Splint geklaut.
Wisst ihr, was die gesagt hat? Haltet Euch fest!
„Na, Superbrain, Du findest auch alles raus!"
Nochmal die Anrede bitte!
Superbrain!
Das ist ja wie ein Ritterschlag, wenn man sonst nur ‚Vollidiot' aufgedrückt kriegt!

Träume ich?
Ich stehe alleine auf einer großen Wiese in ganz hohem Gras, als mich ein Schrei in die Wirklichkeit zurückholt.
Aber ich stehe da tatsächlich. Ich bin wach!
Wer da schreit, ist natürlich Omi. Wer sonst!
Kommt näher. Mit einem Strick, an den sie mich ankettet, zieht sie mich aus dem Schlaraffenland, zurück zu meiner Mischpoke. Unter permanenten Gemurmel, warum ich

den Zaun, den sie neulich von der Litze befreit hat, kaputt gemacht habe.

Ich bin der Meinung, dass ich schließlich nicht dafür verantwortlich bin, dass die Nägel in den, stellenweise maroden, Latten nicht mehr fest sitzen. Brauchte nur leicht antitschen, war die Latte durch!

Anschließend kommt sie wieder und hat interessante Sachen dabei. Einen ganzen Korb voll. Unser Spielkind ist auch ganz neugierig und schnappt sich als erstes den Hammer. Während Omi damit beschäftigt ist, den Hammer wieder zu kriegen, räume ich schon mal den Korb aus. Nix zu fressen drin!

Omi räumt auf.

Will helfen. Kommt nicht so gut an!

Das ist MEINE Mutti!

Da muss ich eingreifen. Das will ich nicht!

Onkel soll nicht mit meiner Mutti kuscheln. Die haben die Hälse umeinander geschlungen und kraulen sich.

Will mitmachen. Habe aber das Problem, dass ich aufgrund meiner Größe nicht drankomme.

Also hopse ich mehrfach drum herum und versuche, dazwischen zu kommen.

Upps! Mutti legt die Ohren an und macht ein gefährliches Gesicht.

Ich gehe lieber!

Warm ist es, und Fliegen sind auch jede Menge unterwegs.

Nachdem Omi mir so 'n Ding übers Gesicht gezogen hat, welches mir im Laufe des Grasens übern Mund – „Maul", sagt Mutti – gerutscht ist, hat sie heute ein Band mit Fransen, dass sie mir ans Halfter montieren will. Aber das Geräusch, was damit verbunden ist, macht mir Angst. Dementsprechend dauert es…..

Nach mehrfach erfolglosen Abschlüttelungsversuchen habe ich feststellen müssen, dass mir die Fliegen zumindest nicht mehr in die Augen krabbeln können.

Omi sitzt mal wieder auf Mutti. Die schwitzt ganz schön, also Mutti schwitzt.

Höre, wie Omi sagt: „Wir gehen jetzt mal duschen, Lisi. Tobi, willste auch mal?"

Was will ich? Nix, was weht tut!

Da ich Mutti immer noch am Schürzenzipfel hänge, gehe ich mit.

Als die gelbe Schlange kommt, haue ich ab. Hinter Mutti. Die steht ganz still und lässt sich mit dem, was da raus kommt, abkühlen. Irgendwann spritzt es und erwischt mich. Da habe ich aber abgehoben. Gleich mit allen vieren.

Omi hält drauf. Da kennt die kein Pardon.

Hab gemerkt: Ist gar nicht schlimm.

Was wollen die?

Kommen zwei Menschen. Die eine kenne ich gut. Omis Nachbarin. Die andere habe ich schon mal gesehen. Bringen uns was zu essen auf die Wiese. Das müssen die zu zweit machen, weil ich meinen Verwandten mittlerweile alles wegessen will. Omi schafft das allein. Aber die kennt mich auch genau.

Wo ist die eigentlich? Die habe ich lange nicht gesehen. Ist im Urlaub, meint Onkel. Bin verdutzt. Seit wann weiß der denn was?

Hab ich nicht mitgekriegt.

Die kommt bestimmt wieder. Bis dahin kann ich mich von ihrer Meckerei erholen.

Warum bleiben die heute so lange weg?

Onkel ist auch schon völlig außer sich und dreht in seiner Box einen Kreis nach dem anderen.

Mutti ist mit Omi weggefahren. Das machen sie hin und wieder, aber normalerweise sind sie schneller wieder zurück.

Omi kommt wieder. Alleine!

Wo ist meine Mutti?

Wir sind total aufgeregt!

Omi bringt Becki, wie sie ihn immer nennt, und mich auf die Weide. Aber wir sind ganz unentschlossen und wissen vor lauter Nervosität nicht, was wir wirklich sollen. In unserem Wahn rasen wir die Koppel rauf und runter, d. h. Onkel rennt und ich hinterher. Und der ist schnell!

Ich rufe nach Mutti, Onkel nach seiner Schwester.

Omi kommt zum Zaun. Wir gehen mal hin. Eventuell hat die ja was zu vermelden.

Und prompt: „Becker, ich zähle auf Dich! Du passt jetzt mal zwei Tage auf Tobi auf, und Tobi, Du gehorchst! Deine Mutti ist im Krankenhaus und wird am Auge operiert. Sie kommt morgen wieder. Ich verlasse mich auf Euch!"

Jo, alles klar!

Hätte noch gefehlt, dass Onkel die Hacken zusammenschlägt und den Vorderhuf grüßend an die Stirn knallt, so stramm wie er da stand.

Wir drehen uns um und fangen entspannt an zu grasen.

Omi ist komplett von den Socken, dass wir das verstanden haben.

Die Zeit vergeht wie im Fluge und schon ist Mutti wieder da.

Aber wo hat Omi sie abgeholt? Vom anderen Stern? Was hat sie denn auf dem Kopf? Sieht aus wie ein Lampenschirm.

Mutti freut sich. Und ich mich erst!

Wir dürfen auch gleich raus. Mittlerweile ist mein Onkel davon überzeugt, dass er jetzt Chef im Ring ist und macht einen auf dicke Hose. Er versperrt uns den Weg zur Weide.

Meine coole Mama geht einfach an ihm vorbei und lässt ihn eiskalt stehen. Ich hänge an Mutti und docke erstmal an. Obwohl die schon lange nichts mehr im Tank hat, halte ich an diesem Ritual fest.

Onkel steht immer noch da und ist frustriert, dass keiner auf ihn hört.

Ich weiß jetzt genau, wer hier der Boss ist!

Omi kommt auf unsere Wiese und ist extrem böse. Schimpfend geht sie auf ein Stück Stoff zu.

„Becker, wie bist Du aus dieser Decke gekommen. Die war komplett zu!"

Stimmt. Der war darin völlig verpackt, sogar am Hals. Ich hab gesehen, wie er sich das Ding ausgezogen hat. Hätte nicht gedacht, dass der so gelenkig ist.

Omi ebenfalls nicht. Die hebt die Decke auf, die er halbwegs zusammengefaltet hat – wie er das auch immer geschafft hat? – und ist begeistert.

„Die ist ja gar nicht kaputt. Da bin ich aber beruhigt!"

Omi ist sehr besorgt. Seit Mutti zurück ist, ist sie ganz merkwürdig. Sie steht nur rum und frisst kaum was.

Der Tierarzt kommt und nimmt Mutti Blut ab.

Sie bekommt jede Menge Medizin und eine Salbe fürs Auge, die Omi reinschmiert.

Aber Mutti mag nicht essen.

Omi ist verzweifelt und der Meinung, dass sie Mutti aus ihrer Lethargie befreien muss.

Sie bewegt sie ein bisschen an der Longe.

Als sie uns später auf der Wiese füttert, höre ich wie sie sagt:

„Ach Lisi, wie froh wäre ich, wenn Du Deiner Sippe wieder das Essen klauen würdest!"

Soll mal einer sagen, wir kapieren nix!

Mutti hat's gehört und setzt es auch sofort um. Leider als erstes bei mir. Wo ich doch sowieso nur einen Hufvoll kriege! Also: Fast nix!

Wohin gehen wir?

Omi geht mit mir raus. Übern Hof. Auf die Straße.

Hab Schiss!

Alles fremd!

Als erstes glänzt da was.....

„Das ist Omis Briefkasten. Der tut Dir nix."

Ach ja? Und woher weiß ich das?

Omi muss Überzeugungsarbeit leisten.

Und dann kommen so laute Kästen immer näher.

„Tobi, das sind Autos. Da muss man vorsichtig sein. Die meisten Autofahrer passen nicht auf. Also hüpf nicht rum und bleib bei Omi."

Mache ich!

Gott, ist das spannend. So viel zu gucken.

Einiges macht mich unsicher. Aber Omi ermutigt mich zum Weiterlaufen.

Wir gehen auf ein Haus zu und bleiben stehen bzw. Omi bleibt stehen und ich laufe aufgeregt um sie rum.

„Nun bleib doch mal einen Moment stehen. Vielleicht ist Tante Steffi zuhause. Dann gibt's bestimmt ein Leckerchen."

Au ja, da halte ich doch gerne inne. Und da kommt sie auch schon. Die kenne ich ja, Omis Nachbarin.

Die hat auch was für mich. Eine riesengroße Möhre!

Omi will gehen. Ich nicht! Es könnte ja sein, dass Tante Steffi noch was rausrückt.

Macht sie aber nicht. Da kann ich kratzen wie ich will. Und da Omi schon wieder an mir rumzerrt, gebe ich nach.

Bin eben die Klügere!

Das machen wir fast jeden Tag.

Ich weiß, das ist der Briefkasten….

Warum parkt Omi den Anhänger direkt vorm Stall?

Weil sie meint, dass ich da einsteigen soll, wie ich umgehend erfahre.

Da ich nicht vorhabe, meinen Schwur zu brechen, gehe ich maximal bis auf die Klappe.

Mehr kann sie ja wohl nicht verlangen.

Tut sie auch nicht.

Die hat schon wieder was ganz anderes auf Lager.

Beim nächsten Mal stellt sie erstmal Mutti rein. Dann holt sie mich. Da ich meiner Mutti mittlerweile blind vertraue und die auch richtig Rabatz macht, steige ich sofort ein.

Alles easy!

Alles glänzt! Picobello!

Omi hat den Stall gewaschen und die Boxen gestrichen.

Leider hält ihre Euphorie über die Reinigungsaktion nicht so lange.

„Tobi, Du bist das größte Schwein unter der Sonne. Keine zehn Minuten bist Du in der Box und hast schon die ganze Wand vollgekackt."

In der Tat. Hab ich ehrlich nicht gemerkt, dass ich zu nah an der Wand stand.

So 'n bisschen Graffiti schadet doch nicht, oder?

Wir gehen viel spazieren und allmählich wird's langeilig.

Bis ich es entdecke.

Am Rand ist Gras! Und ich darf's essen.....

Mutti kann kaum auftreten. Die humpelt ganz schlimm.

Wenn die Schmerz zeigt, dann hat sie wirklich was. Die ist nicht so zimperlich wie ihr Bruder.

Kommt einer, der fummelt Mutti am Fuß rum, worauf sie ganz fürchterlich blutet.

„Die hat aber die Zähne zusammengebissen, das Hufgeschwür saß richtig tief", sagt der.

Mutti kriegt den Schuh von Onkel an und kann, wie von Zauberhand, wieder laufen.

Mutti ist halt eine ganz Starke!

Ich soll in den Anhänger?

Kein Problem. Mutti ist ja schon drin.

Und was mache ich? Ich steige ganz allein ein. Ohne Omi.
Die lasse ich einfach draußen stehen.
Hat die geguckt!
Sie ist sogar mit uns gefahren. Das hat ordentlich geschaukelt. Da ich jetzt ein eigenes Abteil im Anhänger habe, kann ich mich gut anlehnen. Bin auch beim Aussteigen nicht von der Klappe gefallen!

Ehrlich! Ich hab's nicht extra gemacht! Wirklich!
Gemerkt habe ich es ja, weil ich nicht mehr trinken konnte.
Jetzt habe ich nur noch auf das bevorstehende Donnerwetter gewartet.
Ich wurde nicht enttäuscht!
„Du bist doch eine blöde Arschgeige", war die Anrede von Omi.
Hatte ich nicht erwähnt, dass es garantiert noch eine Aufbesserung in der Kategorie „Kränkungen" gibt?
Nur, weil ich meine Tränke mit der Toilette verwechselt hatte oder mich verzielt habe.
Hauptsache, ich hatte wieder Wasser!

Gab was zu Schmunzeln. Omi hat Muttis Box saubergmacht. Die hatte gerade getrunken und sich das Mäulchen vollgesogen.

Als sie sich zu Omi drehte, hat sie ihr Maul geöffnet und
Omis Kopf bewässert. War 'ne ganz schöne Ladung.
Omis Bemerkung erspare ich Euch an dieser Stelle.

Heute hatte ich große Angst.
Omi war mit mir spazieren und da waren Dinge auf einer
Wiese, die bewegten sich. Die waren groß und bunt. Ganz
viele!
Bin nicht weitergegangen. War total nervös. Vor Angst.
Habe mich immer um Omi gedreht und wollte flüchten.
„Das sind Kühe. Die kennst Du noch nicht", erklärt sie.
„Bleib mal bei mir, dann gehen wir vorbei."
Dicht hinter Omi habe ich mich versteckt. Bin zwar vorbei-
gegangen, aber wohl war mir nicht dabei.
Zurück mussten wir schließlich auch noch……

Juhu, wir fahren wieder.
Das Gesicht von Omi wäre ein Foto wert gewesen.
Ich habe mir was Neues einfallen lassen. Diesmal habe ich
Omi gleich an der Stalltüre stehenlassen und bin in den
Anhänger reingaloppiert.
Die Fahrt war eher langweilig. Erstens kannte ich die Stre-
cke schon und zweitens gab's nix zu essen.

Nimmt das mit der Quälerei überhaupt kein Ende?
Stehe auf der Stallgasse, da kommt Omi mit einem gefährlich aussehenden Gerät an, das auch noch komische Ge-

räusche macht. Dann packt sie meine Haare und ich verdrehe die Augen. Sehe auch keine Veranlassung, still zu stehen. Auch wenn Omi hundertmal sagt, dass Haare schneiden nicht weh tut.
Sollte ich das wissen? Hab schon genug unangenehme Dinge erlebt.
Dieses Geräusch! Und dieses Ding, was ich aus dem Augenwinkel sehe!
Weh tut das wirklich nicht, aber man weiß ja nie.
Nachdem ich Omi mit meinem Kopfschütteln zur Weißglut gebracht habe, schneidet die plötzlich in die andere Richtung und ich kann das Ding nicht mehr sehen. Nur hören.
Das Ergebnis: „Gut, das Du keinen Spiegel hast. So scheiße, wie Du aussiehst".
Danke dafür!

Mutti ist schon wieder krank und Omi gibt sich die Schuld daran. Mutti hat so Stellen am Bein. Die hat Omi entfernt. Zwar ganz vorsichtig, aber nun hat Mutti ein dickes Bein. Jeden Tag kommt einer, der Mutti in den Hals piekt. Die hat den Papp schon tüchtig auf und ist äußerst unfreundlich unterwegs.

Bin gestürzt.
Ich springe aus der Box, weil die anderen wieder so schnell rausgelaufen sind.

Boah, bin ich ausgerutscht. Der Länge nach lande ich auf der Stallgasse. Stehe auf und knalle gleich nochmal gegen die Stalltür.
Ein paar kleine Kratzer habe ich abbekommen.
Das passiert mir nicht nochmal. Ab jetzt passe ich auf!

Obwohl es Mutti besser geht, muss sie ganz oft Pipi. Sie trinkt auch sehr viel.
Omi ist total verzweifelt, weil sie nicht weiß, wie sie ihr helfen kann.
Zudem hat sich Onkel Becker auch noch eine Auszeit genommen. Der hat Rücken.
Eine nette große Frau kommt und knackt an seinen Knochen rum.
Omi sagt, dass sie keinen Bock mehr hat, weil alle krank sind und nur Geld kosten. Sie kommt allmählich an ihre psychischen und physischen Grenzen, weil sie ständig Muttis Box trockenlegen muss. Am liebsten würde sie alles verkaufen und uns ins Heim geben.
Das kann sie doch nicht ernst gemeint haben!

Ich konzentriere mich einfach aufs essen und höre nicht mehr hin. Mit Omi gehe ich auch nur noch spazieren, wenn ich grasen darf. Täglich teste ich aus, wie weit ich Omi mit meiner Ignoranz und Bockigkeit ärgern kann.

Aber die hat plötzlich eine Armverlängerung oder so 'n Ding, was ganz laut klappert. Da kann ich nicht gegen an-stinken.
Noch nicht ….

Was sind das denn schon wieder für Dinger?
Hab erstmal Angst.
„Das sind Schafe. Hast Du doch schon mal gesehen!"
Ach ja? Wann denn? Kann mich nicht erinnern.
Na gut. Lasse mich überzeugen, dass die mir nix tun.

Warum hat Omi immer Recht?
Ich liege schon wieder fest. Das gleiche Szenario wie jedes Mal.
Diesmal mit dem Resultat, dass ich ein dickes Bein habe!
Werde bedauert und eingecremt!
Tut auch mal gut.

Ich habe für mich beschlossen, dass meine Box mir alleine gehört und ich bestimme, wer da rein darf.
Probiere gleich mal aus, wie es wirkt.
Omi kommt und will saubermachen.
Da steht sie vor der Tür und kommt nicht rein.
Witzig!
Ich parke nämlich quer davor und mache so gar keine An-stalten, mich vom Fleck zu rühren.
„Du sture Ziege! Hau ab!"
Nö!

So schon gar nicht.

Die habe ich da stehen und betteln lassen. Das habe ich genossen!

Hab sie eine ganze Weile alt aussehen lassen, bis sie mir leid tat.

Oh nein!

Mutti geht's ganz miserabel. Sie hat Fieber, sagt Omi.

Wieder kommt jemand, der Mutti eine Spritze gibt. Die fängt sofort an ständig zu trinken und Pipi zu machen.

Der Mann, der mir immer das Ohr umdreht, kommt. Er spricht eine Weile mit Omi. Die ist ganz anders als sonst. Irgendwas stimmt nicht. Das spüre ich!

Mutti bekommt eine Spritze und geht mit Omi weg. Die Straße entlang.

Und dann kommt Omi wieder.

Allein!

Wo ist meine Mutti?

Mein Onkel dreht aufgeregt eine Runde nach der anderen in seiner Kiste und schreit wie am Spieß.

Mich hat er auch schon angesteckt. Aber ich brabbel nur vor mich hin.

Omi stellt sich auf die Stallgasse und verkündet:

„Meine Lieben, Ihr müsst jetzt ganz stark sein. Becker, Deine Schwester kommt nicht wieder und Du übernimmst jetzt hier. Verstanden!"

Dann kommt sie zu mir. Sie nimmt mich in den Arm. Wenn ich in der Lage gewesen wäre, hätte ich mir die Ohren zugehalten.

„Tobi, Deine Mutti ist jetzt im Pferdehimmel, bei ihrer Mutti. Sie war sehr krank. Sie sollte nicht länger leiden. Aber Du bist schon groß. Du kommst auch ohne Deine Mutti klar. Es tut mir so leid."

Ich stehe ganz still und spüre, wie meine große weiße Nase nass wird.

Von Omi! Die ist mindestens so traurig wie wir!

„Irgendwann müssen wir alle gehen. Der eine früher – der andere später."

Am liebsten hätte ich gerufen: ‚Später! Wenn's sich einrichten lässt'.

Fand ich in diesem Moment etwas pietätlos.

Onkel Becker hat sich sofort beruhigt, als Omi Muttis Box saubergemacht hat.

Alles Negative hat auch sein Gutes. ICH darf da einziehen! Eigentlich war es ja immer mein Zimmer. Schließlich bin ich darin auf die Welt gekommen!

Und wie ich da so reinstolziere sehe ich, dass ich hier gleich vom Boden essen kann.

Da ist Stroh drin!

Omi meint, nur für ein paar Tage. Dann werden wir von Parasiten befreit und kriegen wieder Holzpellets.

Eine merkwürdige Stille. Keiner spricht.

Mutti hat immer geklingelt, wenn einer auf den Hof kam.
Mutti war sowieso immer total freundlich. Jedes Mal,
wenn Omi in den Stall kam, hat sie was gesagt.
Ich vermisse sie! Wen kann ich jetzt fragen, wer erklärt
mir alles?
Onkel eher nicht. Mutti hat mir mal erzählt, dass der kein
ganzer Kerl mehr ist und Omi hat angeblich noch einen
draufgesetzt: „Kastration ist gleich Gehirnamputation".

Wenn Omi in den Stall kommt, ruft sie, wie immer. Keiner
antwortet.
Sie ist total geknickt.
Wir auch!
Sie meint, das sei ihr traurigstes Weihnachtsfest!
Mein Onkel steht auch völlig neben sich. Der hängt sich
Omi förmlich an den Hals und fordert Intensivbetreuung.

Wir können seit Wochen nicht raus. Alles ist nass. Unsere
Wiesen unter Wasser.
Das trägt nicht zur allgemeinen Erheiterung bei.
Omi glaubt mich unmittelbar vor der Verblödung und geht
mit mir spazieren.
Das ist ja anfänglich ganz nett, aber warum geht die denn
immer so weit?
Nach der Hälfte der Strecke bin ich müde.
„Ich denke, Du bist ein Lauftier? Also los! Wenn Du Dein
Pulver nicht schon auf den ersten Metern verschießen
würdest, wärst Du jetzt auch nicht müde!"

Kann sein. Tatsächlich hopse ich am Anfang immer, um meinem Bewegungsdrang nachzugeben. Vielleicht kriege ich das noch in den Griff.

„So was habe ich schon vermutet. Hast Du an Deine Mutti gedacht?"
Ja. Bitte nicht schimpfen, Omi.
Das muss sie gesehen haben, dass ich ganz verträumt auf der Weide stand. Natürlich habe ich an Mutti gedacht.
Und dabei hatte ich wohl Onkel Beckers Schweif zwischen den Zähnen.
Aber nicht bewusst!
Sieht jetzt etwas gewöhnungsbedürftig aus.
„Junge, Junge, der kann sich nirgendwo mehr sehen lassen. Den lachen alle aus."
Mehr als diesen Kommentar gab's zum Glück nicht.

Bin mal wieder mit Omi auf einem ihrer Gewaltmärsche.
Da kommt einer aufm Fahrrad (ein Fahrrad kenne ich mittlerweile).
Der spricht mich an, dachte ich.
„Das ist aber ein schönes Pferd", sagt der Mann.
Gerade wollte ich gefällig in seine Richtung nicken, da greift Omi wieder ein.
„Das weiß die aber auch", lässt sie den Mann überflüssiger Weise wissen.
„Ist noch jung, oder?"

Ich werde bald zwei! Selbst, wenn ich sprechen könnte, käme ich ja nicht zu Wort.
Dafür sorgt Omi schon!

Und täglich grüßt das Murmeltier. Wobei ich das Murmeltier bin.
Omi versucht allmorgendlich, meine Box zu betreten. Das klappt mehr oder weniger gut, je nach meiner Laune.
Heute habe ich so gar keinen Nerv, mich mit der Aufforderung zum Umdrehen auseinanderzusetzen.
Erst kloppt sie mir mit der Hand aufs Hinterteil. Keine Reaktion. Ich zucke noch nicht mal.
Dann nimmt sie ihre Kunststoffgabel. Das tat jetzt nicht weh, aber ich hatte halt keinen Bock. Nachdem sie das mehrfach gemacht hat, ist mir endlich die Hutschnur geplatzt und ich habe mal kurz eine meiner Waffen, explizit mein Hinterbein, angehoben.
Fand die nicht lustig.
Ich schon!

Weil es wieder so viel geregnet hat, darf ich mit Onkel in die Halle. Die meiste Zeit stehen wir am Fenster und schauen auf die Stellen, wo normalerweise unsere Koppeln sind.
Der Roomservice ruft, die Zimmer seien sauber und wir sollen rein.
Onkel Becker gehorcht ja aufs Wort, der Trollo, und rennt schon mal los.

Mich hat er vergessen bzw. nicht gewartet, bis ich mit der Halleninspektion durch war. Omi wollte mich zwar holen, aber ich dachte, ich zeige mal, dass ich das auch allein kann.

Hätte ich mal besser auf Omi gewartet!

Mit Speed renne ich aus der Halle. Auf die Stallgasse. Will um die Ecke, die ich aber nicht kriege, weil irgendwas mit meiner Bremsanlage nicht in Ordnung ist.

Meine Hinterbeine scheren aus, landen unter der dort geparkten Schubkarre. Mit unglaublichem Getöse lege ich mich lang. Kippe die volle Schubkarre um und verhake ich mit den Beinen darin. Omi hat noch nicht mal Anstalten gemacht, zu mir zu kommen.

Wahrscheinlich hat sie gedacht, sie könnte mir Zappelphilipp sowieso nicht helfen.

Also kämpfe ich!

Nachdem ich so ziemlich alles umgenietet habe, was da im Weg stand, gehe ich schnurstracks in meine Box. Jetzt muss ich mich erstmal erholen.

Keine Chance!

Schon stürzt Omi sorgenvoll herbei. Selbstverständlich nicht kommentarlos.

„Haste toll gemacht, Tobi! Jetzt räume ich Euren Dreck das zweite Mal weg."

Sie hätte doch die Schubkarre längst leer machen können, oder?

Immer kriege ich die Schuld.

Zwei kleinen Macken habe ich mir bei der Aktion zugezogen. Die werden aber direkt versorgt.

Omi hat eine schicke Weste. Falsch: Omi hatte eine schicke Weste.
Es scheint ihre Lieblingsweste zu sein. Die hat sie jeden Tag an.
Seit ewigen Zeiten warte ich darauf, dass sie diese Jacke mit dem Gummizug trägt, den man, laut Onkel Becker, zur Schmerzauslösung bei Omi, flitschen lassen kann.
Da sie mir den Gefallen definitiv nicht tut, habe ich mich mit den Zähnen in den Reißverschluss ihrer Weste eingehakt. Und zugebissen!
Seitdem hat sie die Weste nicht mehr angehabt!
Vielleicht kommt sie ja jetzt wieder in der Jacke, wo man am Band der Kapuze ziehen kann. Bei Nichtwiederloslassen kann man damit fast eine Erwürgung vornehmen.
Alles schon ausprobiert!

Heute habe ich mir mal eine Variante einfallen lassen.
Großzügig lasse ich Omi des Morgens in die Box.
Und als sie gerade so konzentriert meine Hinterlassenschaften aufgabelt, gehe ich mal 'ne Runde. Zufällig, ganz zufällig, habe ich ihr eine Breitseite verpasst. Mit anderen Worten: Einen Bodycheck. Die konnte sich kaum auf den Beinen halten und war restlos bedient, zumal ich noch einen sehr arroganten Gesichtsausdruck nachgelegt habe.

Leider folgte am nächsten Tag die Strafe auf dem Fuße.

Bei mir eher auf Nase und Auge.

Diesmal war es nicht die Wand, sondern die Boxentür.

„Du siehst ja aus wie Rocky nach dem Kampf."

Ich weiß zwar nicht wer Rocky ist, aber wenn der so aussah wie ich, kann ich ihn mir vorstellen. Ein total geschwollenes Auge habe ich und einen riesigen Schmiss auf der Nase. Werde aber gleich verarztet.

Es hat geregnet und wir kommen klatschnass von der Koppel. Im Stall zieht es wie Hechtsuppe. Omi reagiert und kommt mit Decken.

Und ich glaube, sie hat mich in den Adelsstand erhoben: Ich darf Muttis Decke tragen!

Ach du dickes Ei!

Die kenne ich. Die Frau, die reinkommt. Mir schwant nichts Gutes!

„Die Tante ist schuld, das Du auf der Welt bist", wird mir an den Kopf geworfen.

Dafür kann ich doch nix. Muss ich jetzt ein schlechtes Gewissen haben?

Bin vielmehr damit beschäftigt reichlich Terror zu machen, weil die Frau wieder mit einer Nadel auf mich losgeht.

Als es Omi zu bunt wird, packt sie mein Ohr. Und wenn der böse Mann das auf halb sieben gedreht hat, dann ist das, was Omi damit macht, mindestens halb acht!

Gar nichts kann ich mehr. Fast nicht mehr atmen. Die Nadel ist drin. Und gleich noch eine hinterher.
Boah, mein Ohr!

Sehe ich nicht ein! Sehe ich überhaupt nicht ein!
Dass wir heute so früh rein sollen, stinkt mir echt. Und da mache ich auch kein Hehl draus.
Da kann Omi an der Leine ziehen wie sie will. Der Strick ist nämlich so kurz, dass sie mir damit nicht gefährlich werden kann. Als sie schon meint, meine Beine wären einbetoniert, mache ich mal einen kleinen Schritt. Aus reiner Gefälligkeit. Dann ist aber wieder Ende.
Mein Onkel interessiert sich gar nicht für unseren Kampf. Omi zerrt weiter. Ich kriege gleich Kopfschmerzen, wenn das so weitergeht.
Glücklicherweise zeigt mein Verwandter plötzlich Erbarmen und läuft vor.

Ideen hat sie ja, die Omi. Da kommt sie mit zwei Stricken auf die Weide, um mich abzuholen. Zu Onkel Becker geht sie erst gar nicht. Der lässt sie eiskalt abblitzen.
Aber ich weiß mich zu wehren und probe einen Aufstand.
Ich sehe nämlich was, was sie nicht sieht. Ich weiß auch nicht genau, was. Irgendwas ist da.
Es dauert...
Dann reiße ich mich erstmal los und haue ab. Aber nur einmal!

Ich werde quasi geknebelt, mit dem Strick um die Nase. Und wenn mir was nicht passt, ziehe ich immer meine Oberlippe hoch. Omi sieht das genau, gibt aber trotzdem nicht auf und dreht mich fast schwindelig. Mit Erfolg. Stehe wieder in meiner Box!

Omi geht durch den Garten. Der grenzt gleich an unsere Wiese.
Ich stehe alleine am Zaun, Onkel auf der anderen Seite.
Mal sehen, ob Omi vielleicht zu mir kommt.
„Tut mir leid, Tobi. Die Omi hat keine Zeit. Lauf mal zu Deinem Onkel. Der wartet dahinten schon."
Kein Ding!
Mit Highspeed düse ich ab und sehe im Rückspiegel, kann schließlich auch nach hinten gucken, Omis verdutztes Gesicht.

Die ganze Nacht stürmt es. Kann gar nicht schlafen.
Morgens scheint die Sonne, aber der Wind ist saukalt.
Omi ist ganz und gar nicht der Deckenfreak. Die weiß nämlich, dass wir, bis zum einem gewissen Maß, frostfest sind. Heute hat sie Sorge, dass wir vor Kälte rumrennen, um uns aufzuwärmen. Dann wäre wahrscheinlich ein Hufgeschwür die Quittung.
So kommt sie mit Anoraks. Ich kriege wieder den von Mutti. Ich habe zwar selbst einen, aber aus dem war ich schon rausgewachsen bevor ich den tragen sollte.

Ganz schön schwer, dieser Mantel. Stört mich nicht, nur das Gebammel zwischen den Hinterbeinen.
Als erstes prüfe ich mal die Tauglichkeit der Schnallen.
Ergebnis: Qualitativ ungenügend.
Verstehe gar nicht, wieso die Decke bei Mutti so lange gehalten hat.

Mist! So ein Mist!
Sie hat's gemerkt.
Hat die eine coole Jacke an, die Omi!
Daran bin ich sehr interessiert. Leider zu offensichtlich.
„Bleib ja von dem Fell. Die Jacke war teuer. Habe genau gesehen, wie Du die Augen verdreht hast."
Hab ich mich wohl selbst verraten.

Schreck in der Morgenstunde.
Locker, flockig gehen wir zur Weide. Onkel vorweg, ich hinterher.
Wir wissen genau: Vor der Absperrung links.
Gerade, als ich abbiegen will, kommt was Großes mit Gequietsche aus dem Gras geflogen.
Mir ist fast das Herz stehengeblieben. Und in heller Panik bin ich losgerannt. Zum meinem Pech habe ich die Richtung verwechselt und nicht mehr an die Absperrung gedacht.
Wenn die nicht gerissen wäre. Leute, ich sage Euch, ich hätte den Salto meines Lebens geschlagen.

Omi erklärt, dass sei ein Fasan gewesen. Der hätte mehr Angst vor mir, als ich vor ihm.

Kann mir viel erzählen!

Nix Wiese heute?

Nee, Sandplatz ist angesagt. Wir haben wieder diese ekelige Paste schlucken dürfen, die so nachhaltig am Gaumen klebt.

Omi setzt sich auf ihren Beobachtungposten im Liegestuhl an den Platz, um zu verhindern, dass wir was kaputt machen.

Was die uns so zutraut!

Nachdem wir die Ränder vom Gras befreit haben, wird's schnell langweilig.

Da, wo Omi sitzt, ist noch Grünes.

Stecke elegant meinen Kopf durch den Zaun und erwische, selbstverständlich ungewollt, Omis Füße.

Wie die aus dem Sessel gestartet ist!

Warum soll ich mich eigentlich immer nur erschrecken?

Oho, meine Box ist ganz sauber. Da war die Omi aber fleißig.

Zu ihrer Entrüstung habe ich gleich, als ich reinkam, einen abgelegt. Und noch einen zweiten.

Ihrem Gemecker habe ich keine Aufmerksamkeit geschenkt.

Ein neues Ritual habe ich.

Zur Begrüßung schnappe ich mal kurz in die Luft. Immer in der Hoffnung, die Omi mal zu erwischen. Dann kann ich ganz unschuldig tun, falls sie dazwischen gerät. Unglücklicherweise hat sie auch das gemerkt und mir so richtig eine geklatscht.

Fertig war sie damit.

Und ich auch!

Warum ist der zuerst dran. Ich will raus!

Omi kümmert sich erst um Onkel Becker. Da will sie sich wieder draufsetzen, wie sich später herausstellt.

Es ändert nichts, dass ich einen Höllenlärm mache. Im Gegenteil.

Mein Gitter wird geschlossen und ich sitze im Knast!

Hab ich erstmal aus Langweile meine Box in ein Gebirge verwandelt. Also Berg und Tal.

Mit irgendwas muss man sich hier doch beschäftigen.

Man kann ja nicht vorsichtig genug sein. Vorne grinsen – hinten treten.

Omi hat mal gesagt, das ist unter Menschen genauso.

Da fühlte ich mich gerade geehrt, dass mein Artgenosse auf Kuschelkurs geht, da zieht er schon wieder an meinem Halfter. Ich habe es mir nicht mehr gefallen lassen und werde das auch zukünftig beibehalten.

Wer bin ich denn!

Ich mag ihn trotzdem.

Der Anhänger wird vorgefahren. Onkel soll rein. Von wegen. Er will mich nicht alleine lassen. Seit Mutti nicht mehr da ist, hat er sich zum Helikoptervater entwickelt. Täglich patroulliert er mehrfach am Zaun entlang, damit mir bloß nichts passiert.

Nach heftiger Auseinandersetzung mit Omi ist er endlich drin.

Ich steige auch sofort dazu.

Alleine! Jawohl!

Sonst war ja immer Mutti dabei. Sie hat mir schließlich gezeigt, dass ich davor keine Angst haben muss.

Aber was da heute abgeht, brauche ich auch nicht nochmal.

Zunächst fahren wir eine große Runde. Ich kratze mal ein bisschen auf dem Boden rum.

Tante Steffi kommt. Warum, werde ich gleich erleben.

Omi wusste das schon. Die kennt ihren Pappenheimer.

Die Anhängerklappe geht auf und ich darf als erste raus, weil ich beim rückwärts Ausparken noch nicht so sicher bin. Wäre auch fast neben die Klappe getreten. Tante Steffi passt auf und nimmt mich gleich in Empfang, weil Omi anderweitig beschäftigt ist.

Mit meinem Onkel!

Der flippt völlig aus! Ich dachte, der nimmt das ganze Gerät auseinander. Und zwar planvoll und laut. Absolut hysterisch.

Bin total aufgeregt und habe Angst. Omi bemüht sich, ihn so schnell wie möglich rauszulassen, was gar nicht so einfach ist, weil er sich immer auf die Stange setzt, die Omi aufmachen muss.

Was für ein Zirkus. Bin mir nicht sicher, ob ich da nochmal mitmache.

Dann ist es tatsächlich geschafft und wir rasen auf die Weide.

Ist das link!

Omi steht vor meiner Box und zeigt dem Typ, der mich so charmant als Marzipanschwein (merke mir alles) bezeichnet hat, ein Video von mir, dass sie mal wieder heimlich aufgenommen hat.

„Jetzt guck Dir diesen Wüterich an. Er hat zuerst gebuddelt."

Muss mal überlegen, was das sein könnte.

Ich weiß es.

Eine kleine Auseinandersetzung mit Onkel Becker.

Der hatte angefangen, das Loch auf der Wiese zu erweitern, in das er schon seit Jahren versucht, aus wälztechnischen Gründen, komplett reinzupassen. Weiß ich von Omi. Die meint, da passe höchstens ein Bernhardiner rein und sie könne gar nicht verstehen, warum er es jedes Mal wieder probiert.

Also, er buddelte einen Krater und ich fand die Idee des Wälzens darin gar nicht schlecht.

Habe versucht, mich vorzudrängeln. Damit war er überhaupt nicht einverstanden und es kam zum Kleinkrieg, den er leider zu seinen Gunsten entschied.

Ich war so ärgerlich, dass ich mehrfach wütend aufgestampft habe und somit von Omi mit der Bezeichnung „Rumpelstilzchen" dekoriert wurde.

So was Tolles war das jetzt auch nicht, dass man das gleich frohlockend jedem vor Augen halten musste.

Ganz schön stark. Omi natürlich. Wer sonst.

Geht mit mir am langen Strick auf den Sandplatz und meint, ich solle um sie rumlaufen.

Bin ich bescheuert? Umgekehrt wird da, meiner Meinung nach, ein Schuh draus.

Meine eventuelle Eignung zum Zirkuspferd habe ich bei der Gelegenheit gleich mal unter Beweis gestellt.

Elegant, auf der Hinterhand balancierend, wollte ich Eindruck schinden.

Und gleich ein Bocksprung hinterher, verbunden mit dem Überraschungsversuch, abzuhauen.

Kann mir gar nicht vorstellen, dass ich mich so ungeschickt angestellt habe. Konnte man mir das ansehen? Bin doch sonst nicht so blöd, obwohl Omi davon ja mehr als überzeugt ist.

Der Schuss ging total nach hinten los. Alles verpufft.

Das Ende vom Lied: Ich bin um Omi rumgelaufen.

Viel deprimierender: Dieser Hohn!

„Na, Du kleine Arschkrampe! Du bist genauso ein hippolo-
gisches Ekelpaket wie Deine Oma!"
Der Apfel fällt bekanntlich nicht weit vom Pferd!
In der Tat hing Omi an mir wie eine Eisenkugel.
Das lasse ich so nicht stehen. Mir fällt schon was ein.

Und zwar gleich am nächsten Morgen.
Habe erstmal mit Gleichgültigkeit geglänzt. Omi hat, wie
jeden Morgen, wieder aufgegabelt.
Nicht, dass mir Vorsatz unterstellt wird. Aber man kann ja
schon mal den Vorwärts- mit dem Rückwärtsgang ver-
wechseln, oder?
Da stand sie nun: Eingeklemmt, vor der Wand und mit
meinem Hintern im Rücken. Wie vorsichtig die hinter mir
hergeschlichen kam.....
Meine Genugtuung war leider nur von kurzfristigem Erfolg
gekrönt.
Stehe jetzt immer brav in der Ecke und lasse Omi ihre Arbeit machen.

Wisst ihr, was heute für ein Tag ist?
Nee?
Ich aber!
Nicht, weil ich einen Kalender in meinem Zimmer habe,
sondern weil Omi es in den letzten Tagen gefühlte hun-
dertmal rausposaunt hat.
Ich habe Geburtstag!
Und jetzt der Knaller: Omi hat's vergessen!

Die ganze Zeit mache ich schon lautstark auf mich aufmerksam, indem ich pausenlos vor meine Türe trete.

Statt mich zu beglückwünschen, höre ich nur: „Man, bist Du ein Poltergeist."

Bin frustriert!

Als Omi später mit meinem Onkel wiederkommt, sagt sie: „Och Tobi, ich habe Deinen Geburtstag vergessen. Entschuldigung! Herzlichen Glückwunsch!"

Wo sind meine Geschenke?

„Dieses Jahr gibt's aber keine Geschenke. Du bist ja schon so erwachsen. Da weiß man gar nicht, was man schenken soll."

Hätte sie mich doch mal gefragt. Mir wäre 'ne ganze Menge eingefallen!

Dann kommt der Nachsatz, der es in sich hatte:

„Ein Jahr hast Du noch Schonfrist. Dann weht hier ein anderer Wind."

So? Welcher denn?

Das werden wir ja sehen ……